당신이 아는 야구 영어, 당신만 모르는 뜻

- 어휘과 함께 알아보는 야구의 모든 것

당신이 아는 야구 영어, 당신만 모르는 뜻

발 행 | 2021년 5월 11일
저 자 | 허정혁
펴낸이 | 한건희
펴낸곳 | 주식회사 부크크
출판사등록 | 2014.07.15(제2014-16호.)
주 소 | 서울특별시 금천구 가산디지털1로 119 SK트윈타워 A동 305호
전 화 | 1670-8316
이메일 | info@bookk.co.kr

ISBN | 979-11-372-4396-5

www.bookk.co.kr

당신이
아는 야구 영어,
당신만 모르는 뜻

허정혁 지음

작가 소개

허정혁 (許正赫)

집안 내력대로 어려서부터 수학이나 과학과목은 싫어했고 소설과 역사를 좋아하여 중학교 때까지는 국문과나 사학과에 가서 소설가나 역사학자가 되려고 했었지만 결국 아버지 (서울대 기계공학과 졸업)와 같이 사회와 타협(?)하며 살기 위해 고려대에서 경제학을 전공하였고, 순전히 운으로(?) 영국 외무성 장학금 (Chevening Scholarship)을 받아 경영전략을 전공으로 런던비즈니스스쿨에서 MBA과정을 공부했다. 용산 미8군에서 카투사로 군대생활을 마쳤고, 약 25년 가까이 삼성전자 전략 마케팅실, CJ주식회사 전략기획실, 동부그룹(現 DB그룹) 경영기획실에서 근무했고, 현재 모기업 전략기획실에서 근무 중이다. 언젠가는 명석한 두뇌와 비상한 기억력을 갖게 될 날이 올 것을 믿으며 오늘도 노력한다.

CONTENTS

들어가며

그 곳에 그가 있었다.

지금으로부터 30여 년 전인 1990년 10월 말, 대학에서 두 번째 가을을 보내고 있던 필자는 중간고사를 마치고 친구들과 조촐한 술자리를 갖고 있었다. 지금은 좀처럼 찾아보기 어렵지만 한때 전국에서 가장 많은 매장을 갖고 있었다는 일본식 선술집 "투다X"라는 곳에서. 당시 필자와 같은 과 동기 중에는 고교 시절 초고교급 럭비 선수로 각광받았지만 불의의 부상으로 운동을 그만둔 "H"라는 친구가 있었는데, 운동부 시절 그와 친하게 지내던 동급생 야구선수인 "L"을 술집 구석탱이에서 우연히 발견하고는 싫다며 몇 번이고 사양하는 "L"을 기어코 우리 테이블로 데리고 와서는 필자와 필자의 친구들에게 소개시켜 주었다. 처음에는 서먹해서 서로 눈치만 보고 있었지만, 한 번 말문이 터지자 "L"은 언제 자기가 우리와의 동석을 거부했냐는 듯 거침없이 자신과 야구에 대한 이야기를 이어갔다.

아, "L"이 누구인가. 아마추어 때는 야구 명문 "K대"의

에이스로 맹활약하며 라이벌 "Y대"와의 정기전을 승리로 이끌었던 것은 물론 4학년 때는 "14 타자 연속 탈삼진"이라는 무시무시한 기록을 세우며 한국 프로야구 최초로 2억 원을 받고 프로에 입단했던 선수, 그리고 프로에서는 1994년 팀의 우승을 이끈 것을 넘어 좌완 선발로는 최초로 20승을 달성하고 또 "Closer(세이브 전문 투수)"로서 팀의 뒷문을 단단히 잠궈 버렸던 투수, 한국에서 모든 것을 다 이룬 후에는 "나중에 다 늙어서 젊었을 때 그렇게 했어야 했는데 라는 후회 따위는 하고 싶지 않다"며 자신의 오랜 꿈이었던 해외 진출을 위해 모든 것을 버리고 일본과 미국 프로야구로 떠났던 풍운아, 한국으로 복귀한 후에는 그냥 버티기만 하면 10억에 가까운 거금을 챙길 수 있었지만 "연봉 먹튀"라는 소리가 듣기 싫어서 2004년 시즌 중반에 전격적으로 은퇴를 선언해버린 "자존심 끝판왕(?)"이 아니던가. 거기다가 은퇴한 뒤에는 사자처럼 머리를 치렁치렁하게 기르고 인디밴드에서 기타리스트로 활약하기도 했던 어디로 튈지 절대 예측 불가능한 사나이…

홀어머니 밑에서 중학교 때 정말로 어렵게 야구 하던

얘기, 고등학교 때는 별다른 두각을 나타내지 못했지만 자기가 정말로 가고 싶었던 "K대"에 입학해서 기뻤던 순간, 중학교-고등학교 선배임은 물론 대학 때도 배터리로서 같이 호흡을 맞추던 포수 "L"선수에 대한 고마움 (롯데 자이언츠에서 포수로 맹활약하던 그는 안타깝게도 2000년 야구장에서 쓰러져 10년 후에 세상을 떠나고 말았다), 필자가 졸업한 M고등학교 출신의 유일한 프로야구 선수인 "J"에 대한 뒷얘기(그 역시 K대 출신이며, 프로야구에서 106승을 올린 명투수이다), 심판 판정에 항의하다가 몰수패당한 일 등 정말로 그와 직접 얘기를 나누지 않았다면 절대 알 지 못할 일들에 대해 그는 열심히 썰을 풀어댔다. 훗날 알려진 바에 따르면 그는 대학 시절 14번이나 학교 숙소를 이탈했다고 하는데, 그 때도 그는 몇 주간 전국을 떠돌다 며칠 전 학교로 돌아왔다면서 빡빡 깎은 머리를 멋 적게 쓰다듬으며 웃었다 (당시 K대 감독이었던 C감독이 선수단을 이탈한 벌로 머리를 깍게 했다고 한다).

아마 그때부터였을 것이다. 필자의 야구에 대한 열정이 태양처럼 강하게 타오르기 시작했던 것이. 초등학교 3학년 때 처음 가 본 야구장, 답답하기만 했던 회색 빛 통로를 지나면 마치 푸른 벌판처럼 탁 트인 그라운드가 있다는 게 너무나도 신기했었다. 그리고 더 좋았던 것은 운 좋게 파울 볼이나 홈런 볼을 잡으면 그 공을 선물로 준다는 것이었는데, 모든 것이 귀했던 그 당시에 선수들이 직접 사용하는 야구공을 공짜로 얻을 수 있다는 것이 정말로 믿기지 않았다. 게다가 아이스크림이나 과자 같은 간식까지 실컷 먹을 수 있었던 야구장. 어쩌면 야구 경기 자체보다 그 외의 부차적인 것들 때문에 야구를 좋아하게 됐던 소년은 한 야구선수와의 우연한 만남을 통해 야구 그 자체의 매력에 흠뻑 빠져들게 되었던 것이다. 그 후 카투사에 입대해서 자주 접하게 된 미국의 메이저리그는 강력한 문화적 충격이었고 (살살 던지는 것 같은데도 구속은 150km, 톡~ 갖다 맞춘 것 같은데 장외 홈런...), 미군들과 함께 하던 소프트 볼을 통해 타격의 맛을 알게 되었다. 심지어 어떤 날은 새벽에는 메이저 리그 시청, 오후엔 모교의 대학 야구 경기 관람, 밤에는 프로야구 시청까지, 장장 10시간이 넘도록 야구를 보기도 했다.

하지만 오락가락하는 스트라이크 존과 자의적인 심판 판정, 복잡하고도 애매모호한 경기 룰, 치졸하고 비겁한 빈 볼(Bean Ball, 위협구)과 그에 항상 뒤따르는 벤치 클리어링, 병역 비리 및 승부 조작 등 야구가 가진 여러 어두운 모습에 잔뜩 실망해 버린 필자는 어느 순간부터 야구를 점점 멀리하기 시작했다. 언제나 새로운 스토리와 반전, 그리고 짜릿한 액션을 보여주는 영화와는 달리 "던지고 치고 받고"하는 단순하고도 천편일률적인 야구 경기는 별다른 재미도 없이 시간만 잡아먹는 단순한 공놀이로 전락해 버린 것이었다.

그러나 "L"과의 짧았지만 강렬했던 만남 때문이었을까, 특별한 이유 없이 필자는 다시금 야구에 빠져 들었고 지금도 회사에서 일하는 시간을 제외한 대부분의 시간을 야구 경기 또는 야구와 관련된 일들과 함께 보낸다. 필자의 야구에 대한 관심이 커질수록 대부분이 영어인 야구 용어에 대한 호기심도 늘어만 갔고 그 유래와 실생활에서 사용되는 다양한 표현에도 관심을 갖게 되어 이 책을 쓰게 되었고, 지난 5개월 간 나름대로 머리를 싸매고 열심히 쓴

이 책은 아무리 벗어나려고 해도 좀처럼 벗어날 수 없는 야구의 마력에 흠뻑~ 녹아버린 필자의 "2021년 봄"을 대변하는지도 모르겠다.

　이 책의 전편(前篇)에 해당하는 필자의 책 "당신이 아는 단어, but, 당신만 모르는 뜻"에서 이미 설명한 것과 같이, 필자의 (영어를 포함한) 외국어 습득과 관련된 지론은 우리에게 생소한 새로운 단어를 공부하는 것 보다 이미 알고 있는 "쉽고 친숙한" 단어의 새로운 뜻을 파악하고 활용하여 외국어 공부에 필요한 시간과 비용을 절약하자는 것이다. 이를 야구 용어에 적용해 보면, "Strike"는 야구에서는 "(볼이 아닌) 스트라이크"지만 동사로는 "치다"라는 뜻이며, "Strike a pose"는 "(사진 등을 찍기 위해) 자세를 잡다"는 뜻이고, 좀 더 나아가 "Striking Distance"는 "아주 가까운 거리"라는 의미이다. 또한 "Baseball"에 포함된 "Base"는 명사로서 "기본"이라는 뜻이지만 "(군사)기지"라는 의미도 있고, "위조의, 열등한"의 뜻을 가진 형용사로서도 사용된다. 결론적으로, 설사 야구를 그다지 좋아하지 않는 사람이라도 어디선가 들어본 적이 있음직한 친숙한 야구 용어의 다양한 뜻과 사용법을 익히면서 영어에 대한 흥미를 점차 높여나가고, 궁극적으로는 어렵고 고상한 단어를 자신의 것으로 만드는 방법으로 영어 실력을 늘려가라는 것이다.

이 책이 영포자 (영어 포기자)를 위한 교과서이니, 또는 이 방법만이 영어를 쉽게 익힐 수 있는 유일한 방법이라는 등의 주제 넘은 말은 하지 않겠다. 하지만 앞서 소개한 "L"선수가 은퇴 후 코치 생활을 할 때 운동을 하기 싫어하는 선수들에게 했다고 하는 "그냥 해!"라는 말을 따라서 우리도 그냥 한 번 이 책을 읽어보자. 누가 아는가, 이 책이 시발점이 되어 조금은 어눌하지만 명쾌하고 단순 명료하게 야구 해설을 하는 그처럼 언젠가 우리도 조금은 더듬거리고 조금은 어설퍼 보여도 우리가 하고 싶은 말을 자연스럽게 영어로 표현 할 수 있는 날이 올지? 하루에 조금씩이라도 꾸준히 노력을 한다면 그 날이 올 수도 있고 오지 않을 수도 있지만, 노력을 하지 않는다면 그날은 영원히 오지 않을 것이다.

사학의 명문인 "K대"와 "Y대"의 1989년 가을 야구 정기전, 당시 "K대"의 투수는 한 때 선동렬을 능가하는 한국 최고의 투수가 될 것이라고 각광 받던 박동희, 포수는 1990년대 한국 프로야구에서 최고의 공격형 포수로 이름을 날린 임수혁이었고, "Y대"의 1번 타자는 대학 야구 최고의 "호타준족"으로 평가받던 "LHS"선수였다 (한국 프로야구 사상 최악의 범죄자이기에 그의 실명은 밝히지 않겠다). 30여 년이 지난 지금, 그들은 모두 이 세상에 없다. 안타깝게도 박동희 선수는 교통사고로, 임수혁 선수는 오랜 투병생활 끝에 세상을 떠났고, LHS 선수는 불미스러운 범죄에 연루되어 스스로 목숨을 끊었다. 1989년 당시 그들의 모습은 오직 필자를 비롯한 그 현장에 있었던 사람들의 기억 속에만 남아있을 뿐, 그들은 모두 이 세상을 떠났다. 하지만 그들과는 달리 우리는 바로 지금 이 세상에서 숨을 쉬며 살고 있지 않은가. 시간은 우리와의 의지와는 상관없이 지나가고 모든 만물은 변화한다. 흘러가는 시간 속에서 자신의 성장을 위해 변화하려는 자만이 어느 유행가의 가사처럼 "거룩한 인생 고귀한 삶을 살며 부끄

럼없는 투명한 마음으로 이내 삶이 끝날 그 마지막 순간에 나 웃어보리라"라는 말을 자신있게 할 수 있을 것임을 명심하라. 아무쪼록 야구를 좋아하는 사람은 물론 야구에 별다른 취미가 없는 사람이라도 영어와 쉽게 친해 질 수 있도록 이 책을 읽었으면 하는 마음 간절하다는 것을 마지막으로 전하며, 이제 본론으로 들어가 보도록 하자.

서울 강남의 선릉에 누워 계신 임금님 묘를 바라보며 (그는 살아 생전 왕이었지만 지금은 자연으로 돌아간 한 줌의 티끌에 불과하다. 당신과 나는 왕은 아닐 지 언정 현재 살아 숨쉬는 자유인이다. 지금 기준으로 누가 더 행복한가? ^^),

2021년 봄,

`

허정혁, 작가

제1장. Cricket vs. Baseball, 야구의 조상이 귀뚜라미라고?

[에피소드 1. 1999년 5월, 영국 "윈야드 파크(Wynyard Park)"]

간만의 유럽 출장으로 정혁은 은근히 들떠 있었지만, 속으로는 걱정이 태산이었다. 그 이유는 바로 영국 더럼(Durham) 인근에 위치한 "Wynyard Park 공장"에서 불량품이 무더기로 쏟아져 나와 핀란드 거래선의 구매 이사가 "품질 개선 및 불량품 보상 방안"을 가지고 잽싸게 영국으로 튀어(?) 오라고 했기 때문! 시차 적응도 제대로 안된 출장 첫날부터 품질 개선 계획과 불량품 보상 방안에 대해 열심히 설명하는 한편 술 좋아하기로는 한국 사람 뺨치는 핀란드 사람들에게 최고급 러시아산 보드카를 대접하며 조금이라도 더 그들의 환심을 사기 위해 노력하던 정혁, 출장 둘째 날 오전 내내 지루하게 계속되던 바이어와의 회의 중간에 한 숨 돌리기 위해 찾은 공장 휴게실에서 그는 야구의 포수 복장을 한 선수가 예전 할머니가 쓰시던 빨래 방망이와 비슷하게 생긴 것을 들고 두 개의 말뚝 사이를 "왔다리 갔다리"하는 기묘한 스포츠를 TV에서 난생 처음 보게 되었으니, 그 스포츠가 바로 크리켓

(Cricket)이었다.

TV를 통해 크리켓 경기를 잠시 지켜보던 정혁은 '야구랑 비슷한 스포츠가 영국에 있다더니 그것이 바로 저것이로구나'라고 생각하며 휴게실을 나와 다시 회의실로 향했다. 오전 회의를 마무리 한 후 공장 카페테리아에서 점심을 먹던 정혁은 TV 화면 가득히 펼쳐진 크리켓 경기장 위로 "Lunch Break (점심 시간)"라는 자막이 떠 있는 것을 보고는 옆에서 같이 식사 하던 영국인 직원 "Steve"에게 "오전 경기는 끝나고 점심 시간이 후에는 다른 팀들이 경기를 하는 것이냐"고 물었다. 그러자 Steve는 씩~하고 웃더니, "오전에 하던 경기, 그거 아직 안 끝났고 점심 먹고 나서 계속 할 거야. 크리켓은 하루 종일 해"라는 것이 아닌가. 그때까지 공을 가지고 하는 경기 중 가장 긴 스포츠를 야구로만 알고 있었던 정혁은 속으로 '아니, 3시간쯤 걸리는 야구도 때로 무지 무지 지겨울 때가 있는데 저 크리켓이라는 경기, 성질 급한 한국 사람들은 절대 못 볼 스포츠구만'이라고 생각하며 시선을 TV로부터 아주 아주 멀리로 확~하고 돌려버렸다.

[에피소드 2. 2002년 12월, 영국 런던 "로즈 크리켓 그라운드 (Lord's Cricket Ground)"]

"아니, 무슨 기말고사를 크리켓 경기장에서 본다고 이 난리야, 시험 시간 다 되가는 데 대체 이 놈의 크리켓 경기장은 어디에 처박혀 있는 건지. 아, 마침 저기 '히로'가 열심히 가고 있네. 야, 히로, 같이 가! 조또 마떼 구다사이 (잠깐만 기다려)~ "

때는 2002년 12월 중순의 어느 날, 그 날 역시 곧 눈이라도 올 듯 잔뜩 흐린 런던의 전형적인 겨울 날씨였다. 너무나도 바쁘고 또 고달팠던 비즈니스 스쿨 (경영대학원)에서의 첫 학기를 무사히 마치고 "재무 분석 (Financial Analysis)" 기말고사만 남겨둔 정혁은 잔뜩 들떠 있었다. 왜냐하면 시험만 끝나면 바로 친구들과 함께 따뜻한 그리스로 5박6일의 여행을 떠나기로 했기 때문! 그런데 이게 웬일인가? 시험 장소가 집은 물론 학교에서 한참 떨어진 것도 모자라 그 이름 또한 낯설기 짝이 없는 크리켓 경기장이라니. "크리켓"이라면 그가 모 회사에 다니던 3년 전 영국에 출장 와서 난생 처음이자 마지막으로 본 그 야구와 비슷한 경기를 말하는 걸 텐데, 대체 왜 그 곳에서 시험을 본다는 것인지???

당시 정혁이 재학 중이던 "런던비즈니스스쿨 (London Business School, LBS)"은 학부는 없이 석박사 과정의 대학원만 있는 학교였는데, 그 건물이야 영국이 낳은 세계적인 건축가인 "존 내쉬 (John Nash)"가 설계한 작품으로서 세계에서 가장 아름다운 경영대학원으로 선정되기까지 했지만 정규 (Full-Time) MBA와 Executive MBA (직장인을 위한 야간 MBA), 그리고 금융 특화 MBA (Master in Finance)에 재학 중인 수많은 학생들로 인해 발 디딜 틈 없이 붐볐다. 게다가 무려· 150년 전(!)에 지어진 건물이었기에 전체 정원이 300명인 정규 MBA 1학년 학생들이 동시에 시험을 치를 만한 넓은 강당은 당연히 없는 관계로 필수 과목의 시험 장소를 학교 외부에서 섭외하곤 했는데, "재무 분석"의 시험을 치는 날은 인근에 위치한 의과대학 강당도 이미 예약이 끝났는지 지금껏 가보기는 커녕 그 존재조차 알지 못했던 "Lord's Cricket Ground"라는 크리켓 경기장에서 시험을 본다는 것이었다. "크리켓"이라는 경기가 낯설기 짝이 없던 (영국을 제외한) 유럽과 미국, 그리고 한중일 학생들은 "세계에서 손 꼽히는 비즈니스 스쿨 중 크리켓 경기장에서 기말고사를 보는 학교는 우리 학교가 유일할 것"이라며 투덜댔지만 인도나 파키스탄, 그리고 남아프리카공화국과 같이 크리켓이 그 어떤 스포츠보다 더 큰 인기를 누리고 있는 나라에서 온 친구들은 "오 마이 갓, 크리켓의 성지(聖地)라 불리는 그 곳에서 시험을 보다니, 이런 영광스러운 일이!"라며 감격해 했고, 필자와 친하게 지내던 인도 출신의 "굽타"는 심지어 "그 곳에서 인도와 잉글랜드 간의 크리켓 매치가 열린다면 나 또한 기꺼이 인도 대표 선수로 나가 잉글랜드를 마구 마구 깨부수고 싶다!"며 열을 올리는 것이었다.

시험 당일 크리켓 경기장의 위치를 쉽사리 찾지 못해 이리 저리 헤매던 정혁은 다행히도 일본인 친구 "히로"와 함께 무사히 크리켓 경기장에 도착했고, 간간히 눈발이 휘날리는 크리켓 경기장에는 차가운 눈길 하나 주지 않고 바로 커다란 강당으로 들어가 한중일 학생들이 옹기 종기

모여 앉은 시험장 한 귀퉁이에 자리를 잡고 앉았다. 다른 여느 시험 날과 같이 그날 역시 시험 시간 바로 전까지 책에서 눈을 떼지 못하고 아주 아주 열심히 공부를 하는 것은 한중일 학생들 뿐이었으며, 미국이나 유럽 등 다른 지역 출신의 학생들은 공부를 하기는 커녕 그곳이 시험장이 아닌 파티 장소라도 되는 것처럼 아주 아주 큰소리로 떠들어 댔다. 반면 평소에는 그들과 함께 귀가 떠나갈 정도로 엄청나게 떠들어 대던 인도와 파키스탄, 그리고 남아공 학생들은 마치 완전히 다른 사람이 되어버린 듯 감격에 겨운 표정으로 크리켓 경기장에서 차마 눈을 떼지 못하고 있었다.

어느덧 시험은 끝이 났고, 정혁을 비롯한 대부분의 학생들은 날아오를 듯 기뻐하며 크리켓 경기장을 썰물처럼 빠져나가고 있었지만 그들은 아직도 크리켓 경기장에 남아 남아공 배팅 라인이 세계에서 가장 세다는 둥, 다음 크리켓 월드컵에서는 인도가 반드시 우승할 것이라는 둥 크리켓 얘기로 밤이라도 샐 기세였다. 다음 날 떠나야 할 여행 준비를 위해 바삐 집으로 발걸음을 옮기던 정혁은 그들을 보며 생각했다. 그 놈의 크리켓이 대체 뭐 길래 저 야단들이야...

크리켓 (Cricket). 스포츠 종목이라면 좀 낯설 지 모르지만 우리 모두는 아주 어렸을 적부터 이 단어를 잘 알고 있었다. 가라는 학교에는 가지 않고 땡땡이만 일삼고, 거짓말을 하면 코가 길어지는 것을 알면서도 거짓말을 입에 붙이고 다녔으며, 그것도 모자라 심지어 나쁜 친구들과 어울려 다니면서 온갖 악행을 일삼았지만 결국에는 개과천선(改過遷善)하여 자신을 만들어준 제페토 아저씨를 고래 뱃속에서 구해내고는 진짜 "인간 소년"이 된 "피노키오"라는 동화를 통해서 말이다.

"피노키오"에 등장하는 "Gemini Cricket"이라는 이름을 가진 "귀뚜라미"는 동화 초반 각종 비행을 일삼는 피노키오에게 착하게 살 것을 충고하다가 그가 던진 망치(!)에 맞아 일찌감치 죽게 되면서 어린 피노키오의 영악함을 한참 넘어선 극악무도함(?)을 적나라하게 드러내는 중

차대한 역할을 하며 영영 사라지는 듯 했으나, 중반 이후에 다시 "죽은 자 가운데서" 부활하여 떠돌이 생활을 하던 피노키오에게 살 집과 일자리를 마련해 주는 등 동화 막판의 권선징악(勸善懲惡)적인 대반전을 예고하기도 한다. 인기 동화인 이 "피노키오"에 등장하는 "귀뚜라미"라는 뜻을 가진 "Cricket"은 "찌르르 소리를 내다"라는 의미의 프랑스어 "Criquer"라는 말에서 유래한 것이다.

한편 이 "Cricket"이라는 단어는 본 장의 도입부에서 소개한 에피소드에서와 같이 "귀뚜라미"와는 그 어떠한 연관성도 없는 스포츠인 "크리켓"을 의미하기도 하는데, 이 경우의 "Cricket"은 "지팡이" 또는 "막대기"라는 뜻을 가진 네덜란드어 "Krick"에서 유래했다고 하며, 이 외에 "(나무로 된) 기둥, 말뚝"이라는 뜻을 가진 "Cricc"이라는 중세 프랑스어에서 유래했다는 설도 있다고 한다. 무릇 "크리켓"이라는 스포츠 자체가 막대기로 공을 친 후 두 개의 기둥 사이를 열심히 "왔다리 갔다리"하며 뛰어다녀야만 점수를 올릴 수 있기에 이 두 가지 학설 모두 일리가 있다고 하겠다.

그런데 이 글을 읽는 독자 분들 중에는 의아하게 생각하시는 분도 계실 것이다. 아니, 이 책은 "야구"와 관련된 책인데 대체 왜 제일 첫 장부터 "크리켓"에 대한 썰을 이리 장황스럽게(!) 풀어 대고 있냐고 말이다. 이러한 의아함에 대해 필자는 이렇게 답하고 싶다. 미국 역사에 대해서 알기 위해서는 그 조상 나라인 영국의 역사부터 먼저 공부해야 하고, 미식 축구에 관해 논하기 위해서는 럭비부터 시작해야 하듯이 야구에 대한 얘기를 하기 위해서는 반드시 크리켓부터 출발해야 한다고 말이다.

자, 그렇다면 야구의 조상 뻘인 "크리켓"은 어디에서 유래 했을까. 크리켓은 잔디밭에서 하는 스포츠의 하나인 "보울스(Bowls)"에서 유래했다는 것이 정설이며, "Bowls"는 공을 굴려서 핀을 쓰러뜨리는 운동으로서 쉽게 얘기하면 잔디밭에서 하는 "볼링"이라고 할 수 있겠다 ("Bowls"와 "Bowling", 왠지 이름부터 비슷하다). 아주 오래 전 영국 잉글랜드에서 "Bowls"를 하던 사람들 중 한 명이 어떤 이유에선지 핀을 향해 맹렬히 굴러오는 공을 막대기로 쳐서 멀리 날려 버렸고, 여기에 흥미를 느

낀 사람들이 새로운 게임을 만들었다는 거다. 흠, 그렇다면 다음과 같은 조금은 황당무계한 추론이 가능하지 않을까. 지겹도록 계속되는 적막함에 질려버린 양치기 목동이 나뭇가지로 돌멩이를 쳐서 구멍에 집어 넣던 것이 골프가 되고, 풀밭 위에서 공을 굴려 핀을 쓰러뜨리는 게임을 하던 또 다른 목동이 그 공을 나뭇가지로 세게 후려갈긴(?) 것이 크리켓이 되었다가 야구로 발전했다는 것이. 아, 바로 이 순간 "아, 목동아(Danny Boy)"라는 아일랜드 민요를 떠올리는 건 필자뿐 일까 ("아, 목동아"라는 민요 역시 수많은 진화 과정을 거쳐 "You raise me up"이라는 희대의 인기 팝송이 되었으니, 유럽의 목동들이야말로 인류의 스포츠 및 문화 발전을 이끈 진정한 주역이라고 할 수 있지 않을까...).

"크리켓"과 관련된 얘기는 여기까지만 하기로 하고, 이제 본 책의 주인공인 "Baseball"의 유래에 대해서 알아보도록 하자. 대다수의 미국인이 야구를 미국의 국기(國技)

로 여기고 있는 것에 더해 그 게임 역시 자신들이 만들어냈다고 강력히 주장하고 있지만, 현대 야구와 비슷한 포맷(Format)과 룰(Rule)을 가진 경기 또한 "크리켓"과 마찬가지로 영국에서 기원하였음이 거의 정설로 받아들여지고 있다. 게다가 중세시대는 물론이고 그 이전 아주 오래 전부터 방망이로 공을 쳐서 멀리 멀리 날려버리는 수많은 게임이 있었다는 사실까지 감안한다면 야구라는 스포츠가 어느 날 갑자기 한 천재에 의해서 만들어졌다는 주장은 전혀 터무니 없다는 것을 알 수 있다.

그렇다면 야구는 왜 영어로 "Baseball"이라 부를까. "Baseball"과 관련된 가장 오래된 기록은 1744년까지 거슬러 올라가는데, 잉글랜드의 동화 작가였던 "John Newbery"라는 분이 당시 "Rounders" 또는 "Stoolball" 등으로 불리던 야구와 유사한 스포츠를 자신의 책에 "Baseball"이라고 적어놨다는 거다. 이 "Baseball"이라는 명칭은 당시 감옥에 갇힌 죄수들이 하던 "Prisoners' Base ('죄수들의 베이스'라고 불리는 게임으로서 공이나 배트 없이 상대편의 태그를 피해 홈과 1루를 왕복하며 점수를 올리는 게임. 예전 한국에서도 많이 하던 '다방구'라는 놀이와 약간 비슷하다)"에서 유래했다는 설이 있기도 하나 필자가 추정하는 바는 다음과 같다. 믿거나 말거나...

John과 Paul은 오늘도 크리켓에 푹 빠져 있었다. 이제 막 친구들과 한 게임을 끝내고 휴식을 취하던 중, Paul이 갑자기 좋은 생각이라도 난 듯 자신의 무릎을 탁~ 치며 John에게 말했다.

"John, 두 개의 위킷 (Wicket) 사이를 왔다리 갔다리 하는 것도 하루 이틀이지 너무 단순하기도 하고 이제 좀 질리기도 하는데, 세 번째 위킷을 만들어서 공을 치고 나서 두 번째 위킷 뿐 아니라 세 번째 위킷을 찍고 다시 처음의 자리로 되돌아와야만 1점이 올라간다고 하면 어떨까?"

그러자 존이 맞장구를 친다.

"Paul, 너도 그 생각 했어? 나도 위킷 두 개를 계속 왕

복하는 것은 좀 지겨운 것 같아서 뭔가 새로운 것이 있으면 좀 더 재미있을 거라고 생각하고 있었는데. 그런데 니 말대로 새로운 위킷을 하나 더 만드는 것보다 아예 두 개를 더 만들어서 첫 번째와 두 번째, 그리고 세 번째를 차례로 돈 후에 다시 처음의 위치, 뭐라고 부르면 좋을까, 음, 이를테면 홈(Home)으로 돌아오게 하는 거지. 전체 그라운드 형태는 내 피앙세인 'Diana'에게 줄 약혼 반지에 박힌 다이아몬드 모양으로 하고 말이야."

"제법이야, John, 그런데 그렇게 멀리 뛰어갔다가 돌아오려면 무거운 배트는 던져놓고 가는 게 좋지 않을까. 그렇게 하면 좀 더 빨리 뛸 수 있을 것 같은데?"

"맞아, Paul, 근데 위킷의 모양도 한번 바꿔보는 것이 어떨까. 지금이야 배트로 위킷을 찍고 바로 뒤로 돌아서 첫 번째 위킷이 있는 자리로 돌아오면 되지만 위킷이 네 개로 늘어나고 운동장이 다이아몬드 모양이 되면 위킷을 지나쳐서 뛰어가야 할거고, 지금같이 큰 나뭇가지로 위킷을 만들어 놓으면 스쳐 지나가는 주자가 부딪힐 수도 있고 또 수비하는 선수가 크게 다칠 수도 있을 텐데. 아예 큰 헝겊에 모래나 톱밥을 채워서 위킷 대신 사용하면 어떨까? 주자가 안전하게 발로 밟고 지나 갈 수 있도록 말이야."

"오호, John, 그것 참 기발한 생각인데? 그럼 주자가 밟고 지나갈 그 헝겊 뭉텅이를 뭐라고 부르지? 음...'Base' 라고 부르면 어때? 이 말은 본래 'Bas'라는 프랑스어에서 유래한 말인데 '기초 또는 지지대'라는 뜻이지. 그리고 '받침대, 기초'라는 뜻의 라틴어인 'Basis'라는 단어에서 유래했다는 얘기도 있어."

"Paul, 너는 정말 진정한 언어 천재야. 프랑스어는 물론 라틴어까지도 다 척척이니...그래, 그럼 내일은 위킷 대신 'Base'를 가지고서 크리켓을 해보도록 하자. 생각 만 해도 재미있겠는걸? 그런데 'Base' 위에서 하는 공놀이니 'Baseball'이라고 불러야 하는 건가, 푸하하하..."

역사적인 근거는 전혀(!) 없지만 필자의 상상력을 최

대한 동원해서 "Baseball"의 유래에 대해서 한 번 써보았다. 어떤가? 이만하면 아주 터무니없는 상상은 아닐 것 같지 않는가? 자, 쓸데없는 자화자찬(自畵自讚)은 이제 그만하고, 이 "Base"라는 단어의 뜻에 대해서 좀 더 알아보기로 하자. "Base"는 위에서 소개한 뜻 외에도 "군사기지(secure ground from which military operations proceed)"라는 의미로도 많이 쓰이는데, 보통 "Military Base (군사 기지)", "Army Base (육군 기지)" 혹은 "Air Force Base (공군 기지)"와 같이 사용된다. 이 "Base"와 유사한 의미를 가진 단어로는 "Garrison", "Post" 그리고 "Camp" 등이 있으며, 필자가 1990년대 초에 카투사로 근무했던 "용산 미군 기지"는 "Yongsan Garrison"이라고 불렸었다. 1980년대 중반 우리나라에서 방영되었던 미드(미국 드라마) 중 "게리슨 유격대"라는 프로그램이 있었는데, 한국 영화 "실미도"와 마찬가지로 중범죄를 저지른 죄수들을 훈련시켜 전쟁터로 보내는 것이 주요 내용이었다 (전투에서 큰 공을 세우면 석방, 그렇지 않으면...). 본래 이 외화의 제목은 "Garrison's Gorillas"로서 한국말로 제대로 번역하면 "(군사) 기지의 무법자들" 정도가 되어야 하건만, 번역가가 별 생각 없이 "군사기지 유격대"라는 말도 안 되는 제목을 갖다 붙여 버렸다 [원제목에 나오는 "Gorilla"는 우리에게 잘 알려진 동물인 "고릴라"이며, 속어로서의 그 뜻은 "Thug (불한당, 깡패)"이다].

한편 "Yongsan Garrison"은 크게 두 지역으로 나뉘어 있었는데, 그 하나는 "Main Post", 그리고 나머지 하나는 "South Post"라 불렀다. 우리가 흔히 "우편"이라고 알고 있는 "Post" 또한 "(군사) 기지"라는 뜻을 가지고 있으며, 동사로 쓰일 때는 우리 나라 군대에서도 많이 사용하는 용어인 "위치로!"라는 뜻이다. 그리고 용산고등학교와 담을 맞대고 있는 "Main Post"의 일부 지역을 "Camp Coiner"라고 불렀는데, 이 "Camp" 또한 "(군사) 진영, 주둔지"라는 뜻을 가지고 있다. 따라서 영어로 "군사 기지"를 뜻하는 단어를 크기 별로 나열해 보면 "Base"와 "Garrison"이 가장 크고, 그 다음이 "Post", 그리고 그보다 더 작은 것을 "Camp" 라고 부른다고 할 수 있겠다.

그런데 이 "Base"가 명사가 아닌 형용사로 사용될 때는 지금까지 설명한 뜻과는 전혀 다른 새로운 의미를 가지고 있으니, 그것이 바로 14세기경 프랑스에서 건너온 "천박한 (lacking or indicating the lack of higher qualities of mind or spirit)"이라는 뜻이다. 또한 "가짜의, 열등한 (having relatively inferior properties)"이라는 뜻도 있는데, 예를 들어 "base coins"라고 하면 "가짜 (위조) 동전"을 뜻한다. 공부를 하면 할수록 영어는 참으로 신비롭다는 생각이 들지 않는가? 하나의 단어를 상황에 따라 명사 또는 형용사로 자유롭게 변환하여 사용할 수 있음은 물론 그 의미 또한 180도 완전히 달라지니 말이다. 한국어에도 한 단어가 여러 가지 뜻을 가진 경우가 많이 있지만 이런 단어들은 대부분 그 뜻의 근간이 되는 한자(漢字)가 다르기에 한자를 잘 살펴보면 그 정확한 뜻을 알수 있건만, 영어의 경우에는 단어가 문장에서 사용되는 쓰임새와 문맥에 따라서 그 뜻을 유추해 내야만 하니 더 어렵다고 할 수 있겠다 (하지만 한자 공부는 별도로 하지 않아도 되니 어찌 보면 영어가 더 쉬울 지도...).

이제 이 장의 결론이다. 2017년 개봉했던 영화 중에 "맥도널드(McDonald)"를 세계적인 패스트 푸드 체인점으로 키운 "레이 크록(Ray Kroc)"을 주인공으로 한 "파운더(The Founder)"라는 작품이 있는데, 필자는 다음의 대사를 이 영화 최고의 명대사로 꼽는다.

"McDonald, '세상의 지배자'라는 그 뜻뿐만 아니라 발음은 또 얼마나 좋은지. 발음도 구린데다가 동유럽 냄새가 팍팍 풍기는 촌스러운 'Kroc'이라는 이름과는 상대도 안 될 만큼 너무나도 좋은 이름이지."

자, 그렇다면 "Baseball"이 어떻게 다른 경쟁자들을 모두 물리치고 "야구"를 뜻하는 영어 단어로 굳어졌는지 확실하지 않은가. "Stoolball"에서의 "Stool"은 본래 "(등받이와 팔걸이가 없는) 의자"라는, 아무리 머리를 굴려봐도 별다른 특징을 찾을 수 없는 뜻을 가지고 있음은 물론 "스툴~"이라는 그 발음 역시 누구의 이름처럼 좀 구리다. 게다가 이 단어는 "대변"이라는 뜻도 있단다. 그리고 "Rounders" 역시 야구와 비슷한 경기라는 뜻 외에 "도박을 직업으로 삼은 도박꾼"이라는 뜻도 있다니, 성스러운 미국의 국기(國技)에 "똥"이나 "도박꾼"라는 이름을 어찌 갖다 붙일 수 있겠는가. 하지만 "Baseball"은 이들과는 매우 대조적으로 알파벳 "B"가 반복되어 외우기도 쉬울 뿐 아니라 발음은 또 얼마나 입에 부드럽게 착착 달라붙는가. 또 그 뜻은 "기본", "기초", "근간"이라니, 정말로 "이보다 더 좋을 순 없다"라는 영화 제목이 "짜잔~"하면서 머리 속에 떠오르지 않으면 이상할 정도이다. 마지막으로 한가지 더 덧붙이자면, 자신들의 위치를 "기준" 삼아 "Far East (극동)"이니 "Middle East (중동)"이니 하면서 세계 각 지역의 지명을 갖다 붙인 영국인들처럼, 미국인들 역시 자신들이 만들어 냈다고 믿는 "Ball Game"이 다른 모든 구기 종목의 "기초"이자 "기본"이라는 의미에서 "Baseball" 이라고 갖다 붙이지 않았을까. 마치 그들이 "야구장"을 "Baseball Park"이라 부르는 대신 "Ballpark"이라고 부르며 "공"을 가지고 운동을 하는 장소는 다른 그 어느 곳도 아닌 "야구장"뿐이라고 우기는 것처럼 말이다. 다음 장의 주인공은 "불타는 황금빛 그라운드"인 "Ballpark"이다.

제2장. Ballpark vs. Pitch, 야구를 왜 공원에서 해?

[에피소드 1. 2007년 5월, 미국 세인트 루이스(St. Louis)]

"예? 시카고에서 세인트 루이스까지 비행기가 아닌 차로 가시자고요? 좀 멀지 않을까요...아, 인터넷에서 확인해 보니 500km가 조금 안 되는데, 이 정도면 충분히 차로 갈 수 있는 거리인 것 같습니다. 그럼 시카고 주재원인 J부장한테 공항으로 차를 가지고 나오라고 하지요."

미국 출장 일정이 어느 정도 가닥을 잡아가자 정혁은 갑자기 마음이 바빠지는 것을 느꼈다. 지난 3개월 간 전세계 화학업체 중 1, 2위를 다투는 D사와 공동으로 최첨단 바이오 소재를 사업화 하는 것에 대한 논의를 진행해 오면서 모든 커뮤니케이션은 전부 화상 회의를 통해서만 했었는데, 이제 어느 정도 분위기가 무르익었다고 판단했는지 D사에서 먼저 자신들의 본사가 위치한 미국 세인트 루이스에서 FTF (Face to Face, 대면) 미팅을 하자고 제안해 온 것이었다. 이 사업을 이끌어 나가는 "프로젝트 매니저" 역할을 하고 있던 정혁은 자신과 함께 출장 길에 오를 일행부터 제일 먼저 꾸려야 했는데, 연구소에서 기술 총괄을 맡고 있던 H수석연구원은 D사 연구소장과의 미팅에 참석해야 하므로 당첨! 그리고 장장 30년 간의 기나긴 미국 생활을 뒤로 하고 한국으로 "컴백"하시어 정혁이 속한 "전략기획부문"의 담당 부사장을 맡고 계시던 Y박사님 역시 상대 회사 CEO와의 미팅이 예정되어 있으므로 역시 당첨! 그리하여 정혁을 포함한 3명이 장도(壯途)에 오르게 되었다 (물론 Y박사님은 널찍한 비즈니스석, 정혁과 H수석은 안타깝게도 좁디좁은 이코노미석...).

그들을 실은 비행기는 인천공항을 떠난 지 약 13시간 만에 시카고에 도착했고, 시카고에서 최종 목적지인 세인트 루이스까지는 비행기로 약 1시간 거리였지만 비행기 타는 것을 별로 즐겨 하시지 않는 Y박사님의 말씀을 쫓아 시카고 주재원인 J부장의 차로 세인트 루이스로 이동하게 되었다.

"잌, 거의 100년 전이기는 하지만 그래도 세계 엑스포와 올림픽도 개최했던 곳이고, 서부 개척시대에는 미국 동부에서 서부로 가는 주요 관문이었던 데다가 한때는 미국에서 네 번째로 큰 도시였다는 바로 그 세인트 루이스에 이리 볼 것이 없다니..."

일요일 저녁이 다 돼서야 세인트 루이스에 도착한 정혁 일행은 다음 날 D사와의 미팅을 위해 일찍 쉬시겠다는 Y박사님을 호텔에 모셔다 드린 후 도시 탐색에 나섰는데, 날은 이미 어둑 어둑해지고 있었다.

"아이구, 허차장, 미국 중소 도시들이 다 그렇지 뭐, 여기가 LA나 뉴욕 같은 대도시도 아니고 말이야. 미국은 또 한국이나 유럽에 비해서 역사가 한참 짧아서 볼 것이 그리 많지 않다고."

호텔 로비에서 집어온 관광 안내 지도를 살펴 보던 정혁이 자동차 조수석에서 궁시렁거리자 이제 막 미국 생활 3년 차로 접어든 J부장이 운전을 하다가 한마디 거들었다.

"음, 바로 앞에 보이는 것이 세인트 루이스에서 가장

유명하다는 그 '게이트 웨이 아치 (Gateway Arch)'인 것 같은데, 기왕 여기까지 왔으니 내려서 사진 한 장은 찍어야겠지요?"

H수석의 말에 따라 그들 모두는 차에서 내렸고, 인도계로 보이는 중년 남자에게 사진을 찍어달라고 부탁했다. 이미 저녁 시간이 지나있어 관광객은 별로 없었다

"오호라, 저기 보이는 곳이 전설적인 홈런 타자인 마크 맥과이어(Mark McGwire)가 한 때 뛰었고 지금은 금세기 최고의 슬러거(Slugger, 강타자)라는 알버트 푸홀스(Albert Pujols)가 속한 세인트 루이스 카디널스(St. Louis Cardinals)의 홈구장인가 본데? 이름이 '부시 스타디움(Busch Stadium)'이던가? 별로 멀지도 않아 보이는데 한 번 가보면 어떨까요?"

회사에서 둘째가라면 서러워할 "야구광"인 정혁이 다소 흥분된 목소리로 재촉하자 일행은 다시금 차에 올라 "Busch Stadium"으로 이동했다. "Gateway Arch"로부터는 불과 1km도 안 되는 거리였기에 금새 도착했건만, 아쉽

게도 그 날은 경기가 없었다. 차에서 내려 스타디움을 잠시 구경하던 정혁은 사진 한 장을 찍고는 차마 떨어지지 않는 무거운 발길을 돌려 차에 다시 올랐다. 언제 다시 이 곳에 올 수 있을까 하는 진한 아쉬움과 함께.

제트랙(Jetlag, 비행기 여행의 시차로 인한 피로)과 다음 날 미팅에 대한 걱정으로 밤새 제대로 잠을 이루지 못한 정혁, 하지만 어느덧 D사와의 미팅은 시작됐고 프로젝트 개요와 양측 회사 소개, 지금까지의 연구 성과 발표, 그리고 사업성 예측 데이터 공유 등으로 하루가 후딱 지나가 버렸다. 그 다음날 오전에는 D사 CEO 및 연구소장과의 미팅이 진행되었고, 오후에는 D사 실무진과 이틀 간의 미팅 결과를 정리하는 시간(Wrap-Up)을 가지면서 향후 일정(Timeline) 및 해야 할 일(Action Plan)에 대해서 협의 했다. 이 모든 여정의 마지막으로 세인트 루이스에서 가장 좋다는 스테이크 하우스에서 저녁을 함께 한 후 D사 일행과 작별 인사를 하려는 순간, D사의 프로젝트 매니저인 "Keith"가 정혁과 그 일행에게 선물을 건넸는데, 그것은 바로 정혁이 그토록 갖고 싶어했던 등 번호 5번이 선명한 "Albert Pujols"의 유니폼 (Jersey)이었다! "땡큐"를 연발하며 펄쩍 펄쩍 뛸듯이 좋아하던 정혁, 오랜 비행을 거쳐 한국으로 돌아와서는 그 유니폼을 유심히 살펴보았는데, 아뿔싸, 이게 웬일인가, 그 "Jersey"는 명명백백한 MLB (Major League Baseball) 정품이었건만 라벨에 큼지막하게 "Made in Korea"라고 쓰여 있는 것이 아닌가... 정혁과 "Jersey"의 한국 무사 귀환 완료...

[에피소드 2. 2002년 6월의 한국 서울, 그리고 8월의 영국 런던 "Regent's Park(리젠트 공원"]

"내가 잘못 들은 건가? 분명 'Football Pitch'라는 말을 들은 것 같은데... 근데 본래 'Pitch'는 '(공을) 던지다'라는 야구 용어인데 대체 왜 축구 뉴스에 나오는 거지? 야구공을 던진다는 표현은 있어도 축구공을 던진다는 표현은 없는데 말이야. 축구공이 경기장 밖으로 나갔을 때 다시 그라운드 안으로 던지는 것은 '드로우 인 (Throw-In)'인데..."

때는 "한일 월드컵"이 한창이던 2002년 6월, 다다음 달인 8월 영국 유학을 떠나기에 앞서 품위와 교양이 넘친다는 "Queen's English (영국 잉글랜드 지역에서 사용하는 표준 영어)" 익히기에 여념이 없던 정혁, 그 날도 월드컵에 참가한 이탈리아 선수들을 보도한 "BBC News"를 열심히 듣던 중 새로운 표현을 듣게 되었는데, 본래 궁금한 것은 절대 참지 못하고 그 자리에서 즉시 해결해야만 직성이 풀리는 그는 바로 영어 사전을 찾아 보았다. 그런데 "Pitch"가 가진 뜻 중에 "An area painted with lines for playing particular sports, especially football (스포츠를 하기 위한 라인이 그려진 장소로, 특히 축구 경기장을 가리킴)"이라는 뜻이 있는 것이 아닌가. 그 때까지 "Pitch"를 "to move suddenly, especially by throwing (사물을 던져서 갑자기 움직이게 하다, 투수가 공을 던지다)"라는 야구 용어로만 알고 있던 정혁은 영어 공부에는 정말로 끝이 없다는 것을 다시금 깨달으며 영어 좀 한다고 자만에 흠뻑~ 빠졌던 자기 자신이 부끄러워졌다.

어느덧 8월이 되어 영국 런던 한복판의 "Regent's Park"

부근에 위치한 학교에 다니게 된 정혁은 휴일을 맞아 공원 탐색에 나섰는데, 대체 이게 웬일인가? 그곳은 이름만 공원일 뿐 넓이와 규모는 정말로 상상 이상이었으니, 공원의 면적이 경악스럽게도 거의 여의도 크기와 맞먹었고 그 안에 대규모 골프 연습장은 물론 축구장이 무려 7개나 있는 것이 아닌가? 그런데 더더욱 놀라웠던 것은 모든 "Londoners(런던 사람)"들이 축구장을 "Football Ground"나 "Football Field"가 아닌 "Football Pitch"라고 부른다는 것이었다!

첫 장의 마지막 부분에서 소개한 것과 같이 야구장은 보통 영어로 "Ballpark"이라 부르는데, 뭔가 좀 이상하다는 느낌이 들지 않는가? 영어를 외국어로 배운 우리에게 "야구장"은 "Park"이라기보다 오히려 "Stadium"이나 "Field"라고 불러야 될 것 같은데, 야구장을 굳이 "Park", 즉 "공원"이라고 부른다는 것? 그런데 이 책의 내용을 거슬러 올라가 보면 "Park"와 관련된 좀 더 재미있는 사실을 한 가지 더 발견 할 수 있으니, 첫 장의 크리켓과 관련된 "정혁의 영국 출장기"에 소개된 바와 같이 "(공장이 위치한) 공업 단지" 또한 "Park (정확한 지명은 'Wynyard Park')"이라 부른다는 것이다.

그렇다면 언뜻 보기에는 별다른 공통점이 없어 보이는 야구장과 공장(지대)을 왜 모두 "Park"이라고 하는 것일까. 이에 대한 궁금증을 풀기 위해 어원 사전을 찾아보니 프랑스에서 영국으로 건너온 "Park"라는 단어의 본래 뜻은 "tract of land enclosed as a preserve for beasts of the chase"로서, 중세 시대에는 "왕이나 귀족들의 사냥감인 동물을 가두어 놓는 (울타리가 쳐진) 장소"를 의미했는데 그 뜻이 점점 진화되어 "an area of land that is used for a particular purpose (특정 목적을 위해 사용되는 지역 또는 장소)"가 되었다는 거다. 어렵게 영어 어원 사전을 찾아보는 대신 인터넷 한영사전에서 "Park"의 뜻만 검색해 봐도 우리가 잘 아는 "공원"이라는 뜻 외에 "(특정 목적을 위한) 지역 또는 단지"라는 뜻도 있다는 것을 쉽게 알 수 있으며, 결과적으로 "야구를 하는 장소"는 "Ballpark"이 되고,

"Wynyard에 위치한 공장 지대"는 "Wynyard Park"이 된 것이다.

최근 한 디자인 전문 칼럼니스트라는 작자는 한 잡지에 기고한 칼럼에서 예전에는 미국에서도 "야구장"을 "Stadium"이라고 많이들 불렀지만 근래에 들어 여성 및 어린이 팬의 급격한 증가에 따라 그들을 위한 쇼핑이나 놀이 시설을 많이 짓는 등 야구장을 "공원화"하면서 "Park"이라 부른다는 말도 안되는 소리를 떠들어댄 적이 있는데, 이는 "Park"이라는 단어의 뜻을 전혀 모르면서 자기 멋대로 지어낸 X소리임을 알 수 있다 (제대로 모르면 제발 좀 사전을 찾아보던가 아니면 잘 아는 사람에게 물어보자. 자의적이고도 주관적으로 판단해서 자기만 아는 듯이 떠들어대지 말고).

필자가 보기에 "야구장"은 애초에 "Baseball Field"라고 부르다가 그 이후에 "Baseball Park (Ballpark)"이 되고, 마지막으로 "Baseball Stadium"이라는 단어가 등장했다고 본다. 근거가 있냐고? 물론 있다! 먼저 "Baseball Field"부터 살펴보면, "Field"는 우리가 잘 아는 바와 같이 "들판"이나 "공터"라는 뜻으로서 1900년대 초 "YMCA 야구단"을 찍은 사진을 보면 그들은 그냥 "공터"에서 야구를 하고 있고 관중들 역시 펜스(Fence) 뒤의 관중석에 앉아 있는 것이 아니라 포수 뒤에 그냥 뻘쭘하게(?) 서있는 것을 볼 수 있다. 그 시대에는 야구를 그냥 "들판"에서 했기에 야구장을 "Baseball Field"라 불렀다. 그 후에 어떤 일이 일어났는가? 구경꾼들이 경기장에 들어와 경기 진행을 방해하거나 야구공에 맞아 다치는 것을 방지하기 위해 "펜스"를 설치했다. 기억나시는가? "Park"는 본래 "울타리로 둘러싸인 장소"였다는 것이? 야구장에 "펜스"라는 일종의 "울타리"를 두르게 되자 야구장은 이제 "Ballpark"이 된다. 여기에서 좀 더 진화하여 관중들이 좀 더 편하게 스포츠를 관람할 수 있도록 관중석과 의자를 설치하면 무엇이 되는가? 그렇다! 그것은 바로 "Stadium (a sports arena with tiers of seats for spectators, 관중을 위한 관람석이 있는 경기장)"이 된다.

이제 "Ballpark"이 가지고 있는 또 다른 뜻을 살펴 보도록 하자. "Ballpark"은 "야구장"이라는 본래의 뜻 외에 "대략적인 액수, 근사치"라는 의미도 있는데, 예를 들어 "If you said one billion you'd be *in the ballpark*"이라고 하면 "10억불이면 대충 맞을 거야"라는 뜻이고, "The costs for installation will vary from place to place, but a good *ballpark figure* would be between $100 to $200"는 "지역에 따라 조금 차이는 있지만 그 설비의 가격은 대략 1백불에서 2백불 사이일 것이다"라는 의미이다. 그렇다면 어떻게 해서 "Ballpark"이 "(아주) 정확하지는 않지만 대략 비슷한 (not exact, but approximately right) 근사치"라는 뜻을 갖게 된 것일까. 이 뜻의 어원에 대해서는 3가지 설이 존재하는데, 그 첫 번째는 바로 엄청나게 넓은 야구장의 크기에서 유래했다는 것이다. 1970년대까지만 해도 대부분의 야구장은 미식축구와 같이 사용하는 다목적 구장이었으며, 미식축구와 겸용으로 사용하다 보니 "야구"라는 스포츠에 최적화되지 못해 그 크기가 엄청났다고 한다 (야구 전용 구장의 관중석이 보통 3~5만인 것에 비해 미식축구 경기장의 관중석은 대부분 이의 2배가 넘는 8~10

만명 정도임). 따라서 "in the ballpark"이라고 하면 처음에는 "(정확한 위치는 모르겠지만 어쨌던 간에 저 넓디 넓은) 야구장 안에는 있는"이라는 뜻이었다가 "아주 정교하거나 정확하지는 않지만 최소한 어림잡아 맞는"이라는 의미가 되었다는 것이다. 이 표현은 주로 우주공학자들이 많이 사용했다고 하는데, 그들은 "우주에 갔다가 지구로 다시 돌아오는 우주 왕복선의 귀환 장소가 정확히 어디 일지는 모르지만 최소한 '저 넓은 야구장 안 (in the ballpark)'일 것임은 확실하다"라는 말을 자주 했다고 한다.

두 번째 주장은 지금으로부터 약 백 년 전에 야구 중계를 하던 라디오 캐스터로부터 유래했다는 것으로, 지금이야 입장권 판매가 모두 전산화 되었음은 물론 컴퓨터를 통한 영상 분석으로 정확한 관중 수를 파악 할 수 있지만 예전에는 라디오 캐스터가 대충 "눈 대중"으로 관중 숫자를 때려 맞춰 경기장을 직접 볼 수 없는 라디오 청취자들에게 정보를 전달 했다. 그는 비록 아주 정확하지는 못해도 자신의 경험에 따라 실제와 비슷한 수준의 관중 수를 추정하였고, 이것이 바로 "Ballpark figure"의 유래가 되었다고 한다.

마지막으로 세 번째 주장은 바로 위의 경우와 같이 라디오 캐스터에서 유래했다는 것인데, 미국에서 프로야구가 막 태동했을 당시에는 제대로 된 거리 측정 장치가 없어서 타자가 홈런을 쳤을 때에도 라디오 캐스터가 자신의 경험에 근거해서 비거리가 대략 어느 정도라고 추측해서 방송을 했고, 바로 여기서 "Ballpark figure"라는 단어와 뜻이 생겨났다는 것이다. 그 유래야 무엇이 됐건 간에 꼭 기억하자 – "Ballpark figure"는 "근사치"라는 것을.

자, 이제 우리의 시선을 "야구장"에서 "축구장"으로 옮겨보자. 이 장의 첫머리(에피소드2)에서 소개한 바와 같이 "축구장"은 영어로는 일반적으로 "(Football) Pitch"라 부르는데, 재미있는 것은 이 뜻이 본래 야구의 조상 격인 "크리켓"에서 생겨났다는 것이다. 그럼 어떻게 해서 "Pitch"가 "축구장"을 가리키게 되었는지 야구의 창시자(?)인 "John"과 "Paul"의 대화를 통해서 알아보도록 하자.

하루 일과를 마치자마자 John과 Paul, 그리고 그들의 친구들은 오늘도 크리켓을 하기 위해 John이 소유한 넓디 넓은 잔디밭으로 모여 들었다. John과 Paul은 "Stump (Wicket의 아래 부분으로서 3개의 막대기로 구성됨)"를 땅에 단단히 박아 넣으며 열심히 크리켓 경기장을 만들기 시작했다.

"아, 'Stump'를 땅 안에 'Pitch (to fit firmly in place, 땅 속에 단단히 고정하다, 박아 넣다)' 하려니 참 힘드네. 이봐, Paul, 내가 소유한 땅의 일부를 아예 크리켓 전용 경기장으로 만들어 버리면 어떨까? 매일같이 이 'Stump'를 땅 속에 박아 넣으려니 너무 힘들어서 말이야...편하게 하인들을 시킬 수도 있겠지만, 우리 귀족들만의 스포츠인 크리켓에 하인들을 끌어들이기도 좀 그렇고 해서 말이야."

"그것 참 좋은 생각이야, John, 어차피 남는 게 땅인데 아주 일부만이라도 크리켓 경기장으로 만들어 버리자고. 내가 가진 땅도 크리켓 경기장으로 바꿔 버려야지."

"그런데 우리가 힘들게 박아 놓은 이 'Wicket'을 누군 가가 뽑아버리면 어떡하지? 여기에다가 표지판을 세워서 이 곳이 크리켓 경기장인 것을 알리는 것이 좋을 것 같 아."

"음, 그것도 괜찮겠구만. 근데 표지판에다 뭐라고 써놓을까. 아, 좋은 생각이 났어, John. 우리가 이 'Stump'를 단단히 땅에다 박아 'Wicket'을 세워 놓았으니 그런 뜻을 가진 "Pitch"라고 써 놓으면 어떨까."

"아주 좋은 생각이야, Paul. 그럼 'Wicket'과 'Wicket' 사 이에 커다랗게 'Pitch'라고 쓴 표지판을 세워 놓도록 하세"

며칠 후 "George"와 "Ringo"가 그 곳을 우연히 지나다 가 "Pitch"라고 쓰여진 표지판을 보게 되었다.

"이봐, George, 'Wicket' 두 개가 서있는 걸 보니 이 곳 이 크리켓 경기장인가 봐?"

"흠, 그러네, Ringo. 그런데 이것 봐라. 'Wicket'과

'Wicket' 사이에 'Pitch'라고 쓰여진 표지판이 서있네? 그렇다면 이 동네에서는 'Wicket'과 'Wicket' 사이를 'Pitch'라고 부르나 본데?"

"오호, 그러네? 그럼 우리도 이제부터 'Wicket'과 'Wicket'사이의 공간을 'Pitch'라고 부르면 어떨까?"

위의 이야기에 나오는 "John"과 "Paul", 그리고 "George"와 "Ringo"는 가상의 인물이지만 "(Football) Pitch"의 유래가 크리켓이라는 것은 거의 정설로 굳어져 있는 듯 하다. 스포츠 역사가들에 따르면 본래 크리켓에서 "Pitch"는 "Pitch the stumps", 즉 "Stump를 단단히 땅속에 박아 넣어 세우다"라는 뜻의 동사로 사용되었는데, 이 표현이 점차 간소화되며 "the stumps"는 어디론가 사라지고 "Pitch"만 남게 되었으며, 결국 "Pitch"마저 동사에서 명사로 바뀌며 "Wicket과 Wicket 사이의 공간 (야구로 치면 투수 마운드에서 홈 플레이트까지의 공간)"을 의미하게 되었고, 이 "Pitch"의 뜻이 계속 확대되며 종목과는 무관하게 스포츠 경기가 열리는 공간을 뜻하게 되었다는 것이다. 그리고 1900년대에 들어서는 당시는 물론 현재까지도 영국에서 가장 인기가 높은 스포츠인 축구를 하는 장소를 의미하게 되었다고 한다.

참으로 흥미롭지 않은가? 언뜻 보기에는 별다른 연관성이 없어 보이는 크리켓과 축구에서는 모두 "Pitch"가 비슷한 뜻으로 사용되는 반면, 크리켓의 후손 격인 야구에서는 그 의미가 전혀 다르니 말이다. 그런데 한 가지 더 재미있는 사실은 야구에서는 "Pitch를 하는 사람", 즉 공을 던지는 선수를 "Pitcher"라고 부르는데, 우리가 지인들과 함께 즐겁게 맥주를 마실 때 사용하는 "주둥이와 손잡이가 달린 용기" 또한 "Pitcher"라고 부른다는 것이다. 다음 장에서는 이 "Pitcher"가 던진 공에 대한 심판의 두 가지 "Call (판정)"인 "Strike"와 "Ball"의 다양한 뜻에 대해서 알아보도록 하자.

제2장. Strike vs. Ball,

스트라이크존은 별 모양?

[에피소드 1. 1982년 5월 어느 토요일, 서울 응암동의 한 공터]

"야, 그게 볼이지 어떻게 스트라이크야! 공이 빠져도 한참 빠졌잖아! 우길 걸 좀 우겨라! 얘들아, 그만 하고 가자! 더 이상 안 해!"

6학년14반 "짱 (싸움을 제일 잘하는 아이)"인 정기가 소리 소리 질러대자 타석에 서있던 녀석은 물론 그 뒤에서 방망이를 휘두르며 타격 연습을 하던 놈들도 주섬주섬 글러브를 챙겨 들고는 공터를 빠져나가고 있었고, 정혁을 포함한 6학년18반 아이들은 그런 녀석들을 의기양양하게 바라 보았다. 그러던 중 갑자기 18반, 아니 전교에서 "짱"을 잡는 재상이가 소리 쳤다.

"흥, 너희가 먼저 기권했으니까 지난 주에 우리한테 깨진 축구는 물론이고 오늘 야구까지 다 니네가 진 거야! 별 것도 아닌 것들이 까불고 있어! 히히히히~."

재상이가 큰 소리로 웃어대자 정혁을 비롯한 18반 아이들 모두가 그를 따라서 웃기 시작했고, 14반 녀석들은 이런 그들을 눈이 찢어져라 째려보며 공터를 떠나갔다.

　　학생은 많고 학교 숫자는 적어 초등학교 (당시에는 "국민학교"라고 불렀다)의 한 학급 학생이 무려 80명(!)에 육박하던 1982년, 당시 OO초등학교의 6학년이었던 1970년 생은 특히 더 많아서 그 아래 학년들이 대부분 15~16반까지 있었던 것과는 달리 6학년은 18반까지 있었다. 하지만 그들이 초등학교에 입학하던 때부터 18반까지 있었던 것은 아니고 본래는 17반까지 있었는데, 시골에서 온 전학생들의 숫자가 야금야금 늘어나기 시작하더니 6학년에 진급할 즈음이 되자 결국 한 개 반을 더 만들어야 하는 상황에까지 이르게 된 것이었다. 무려 1,500명에 달하는 학생들에 대한 반 편성을 다시 하는 것이 너무 어렵다고 생각하신 교장 선생님께서는 고민에 고민을 거듭한 끝에 한 가지 묘안을 찾아내셨으니, 그것은 바로 대다수의 학생들을 5학년 때와 같은 반으로 그대로 진급시키되 기존 17개 반에서 남녀 각 2명씩 총

68명을 차출하여 "6학년18반"을 만드는 것이었다.

설마 그 네 명 중의 한 명이 내가 될까 하며 방심하고 있던 정혁, 아뿔사, 그런데 이게 대체 웬일인가, 1982년 2월 봄방학이 시작되던 날 담임 선생님으로부터 다른 3명과 함께 18반으로 가라는 쓰라린(?) 소식을 듣게 되었으니 말이다.

"푸하하하, 정혁이 너는 우리 반에서 쫓겨나는 거야~"

"넌 대체 무슨 잘못을 했길래 우리 친구들 중에 너만 18반으로 가는거야? 이런 바보, 헤헤헤헤."

친구들의 조롱이 잔뜩 섞인 배웅 아닌 배웅을 받으며 홀로 집으로 걸어가는 정혁의 눈에서는 찝찔한 액체가 계속해서 흘러나오고 있었다.

"우리는 18반, 외톨이도 꼴찌도 아니다! 우리는 1등이다!"

반장인 형수의 선창(先唱)에 따라 6학년18반 아이들 모두는 "우리의 구호"를 소리 높여 외쳤건만, 그날은 특히나 더 공허하게 들렸다. 그 이유는 바로 3월에 이어 4월 월말고사에서도 18반이 또 꼴찌를 했기 때문! 담임 선생님께서는 "인생에는 공부보다 더 중요한 것들이 많으니 밝게만 자라다오"라고 말씀하셨지만 그의 얼굴에는 실망한 표정이 가득했다.

"야, 니네들 벌써 잊었냐? 우리가 18반으로 쫓겨 올 때 우리를 쳐다보던 놈들의 그 차가운 눈초리를? 이렇게 계속 당하고 있을 수만은 없지, 공부가 안되면 다른 것으로라도 녀석들을 꺾어 보자!"

공부는 좀 못하지만 운동과 싸움만은 전교 1등인 재상이의 말에 따라 18반 아이들은 6학년의 모든 반들과 축구와 야구 시합을 해서 그들의 코를 납작하게 만들어 주기로 했다. 제일 먼저 그들과 맞붙게 된 것은 재상이와 전교 "짱"을 다투는 정기가 속한 14반. 본래 "동네 축구"라는 게 잘하는 아이 혼자서 "북 치고 장구 치고" 다

하는 법, 선수 급의 실력을 가진 재상이의 헤드트릭에 힘입어 18반이 5:1로 여유있게 승리! 물론 심판은 당연히 없었기에 판정 관련해서 몇 차례 시비가 있기도 했지만, "다리에 걸려 넘어지면 반칙, 공이 저~ 멀리로 굴러가면 아웃, 오프사이드는 과감히 무시, 공이 골 망에 들어가면 무조건 골인" 이라는 전세계 공통의 "동네 축구 룰(Rule)"에 따라 별다른 충돌 없이 시합을 마무리 할 수 있었다.

반면 야구는 그 준비 과정부터 골치가 지근지근 아팠으니, 축구공 하나면 되는 축구와는 달리 야구를 하기 위해서는 글러브와 방망이 등 많은 장비가 필요했음은 물론 공도 한두 개가 아닌 여러 개가 있어야 했고, 축구 골대가 있는 운동장이야 대한민국의 여느 초등학교에서도 쉽게 찾을 수 있기에 장소 섭외에 별다른 어려움이 없었지만 야구 경기를 하기 위한 다이아몬드 형태의 장소를 찾는 것은 정말로 힘들었다. 결국 아쉬운 데로 응암동 정신병원(!) 바로 옆의 공터에서 하는 걸로 14반 녀석들과 합의를 본 18반 아이들, 그 후 2주 동안 재상과 정혁을 비롯한 18반에서 운동 좀 한다 하는 10명의 남자 아이들은 공부는 완전히 제쳐둔 채 "공포의 외인구단급 지옥 훈련(?)"으로 몸과 정신을 단련했다.

드디어 "D-Day"가 되어 14반의 1회초 공격이 시작되었고, 18반의 선발 투수는 당연히 에이스인 재상이. 그가 힘차게 던진 초구는 한가운데를 통과하는 스트라이크. 하지만 14반의 주장이자 1번 타자인 정기가 큰 소리로 외친다.

"볼!"

"야, 그게 왜 볼이야, 한 가운데로 갔는데?! 자, 원 스트라이크 노 볼!"

이에 질세라 재상이 맞받아 큰소리로 외쳤다. "동네 축구"와 마찬가지로 "동네 야구"에 심판이 있을 리 없고 목소리 크고 싸움 잘하는 놈이 언제나 이기는 법, 5학년 때 한 번 붙었다가 재상에게 크게 혼구멍이 난 정기가 슬그머니 꼬리를 내린다.

"알았어, 원 스트라이크."

재상이 뿌린 두 번째 공은 정기가 휘두른 배트에 빗맞으면서 1루수인 정혁이 앞으로 힘없이 떼굴떼굴 굴러갔다. 정혁은 잽싸게 공을 잡아 1루 베이스를 밟으면서 크게 외쳤다.

"아웃!"

그러자 정기가 정혁에게 달려가서는 따지기 시작한다.

"야, 공이 파울선 밖으로 나갔는데 그게 파울이지 어떻게 아웃이야? 파울이니까 투 스트라이크 노 볼. 나 다시 친다."

"뭔 X소리야, 공이 경기장 안으로 들어왔는데 페어(Fair)지. 정기 넌 아웃이니까 들어가고 다음 타자 나와."

재상이가 홈에서 1루까지 그어진 선을 가리키며 말했다. 하지만 시합 전에 물로 그려 놓은 선은 이미 다 말라버려 어디가 선인지 전혀 구별이 되지 않았다.

"뭐야, 파울 라인은 거기가 아니라 여기라니까! 파울이니까 다시 칠께."

정기가 방망이를 들고 다시 타석으로 들어가며 말했다.

"이런, XX, 정기 너 또 나한테 뜨거운 맛 좀 보고 싶어? 아웃이니까 좋은 말로 할 때 조용히 들어가! 야, 다음 타자 나와!"

재상이 눈을 부라리며 신경질적으로 반응하자 정기는 풀이 죽은 듯 배트를 다음 타자에게 넘겨주고 말았다. 이제 14반의 2번 타자인 진수의 차례. 사건이 터진 건 바로 그 때였다. 재상이 던진 1구는 물론 2구 역시 상대편은 물론 정혁을 비롯한 18반 아이들이 보기에도 스트라이크 존과 한참 멀어 보였지만 재상은 자기가 심판이라도 된 듯 크게 "스트라이크"라고 외쳐댔고, 계속되는 "어거지(?) 스트라이크" 판정에 정기의 표정은 점점 굳어지고 있었다.

"스트라이크 아웃!"

세 번째 공 역시 바깥쪽으로 많이 빠졌을 뿐 아니라 포수인 철호가 일어서서 받아야 할 만큼 높게 들어 왔지만 재상이는 신나게 "스트라이크 아웃"이라고 외쳤다. 그러자 참다 참다 더 이상 분을 참지 못하게 된 정기는 14반 아이들과 함께 공터를 빠져나가 버리고 말았다.

14반과의 축구와 야구 시합을 모두 승리로 장식하며 잔뜩 기분이 좋아진 18반 아이들은 그 다음으로 17반과 붙었고, 재상이의 활약으로 축구 시합은 크게 이겼지만 야구는 "스트라이크 – 볼", "파울 – 페어", "아웃 – 세이프" 판정을 놓고 계속 싸우다가 결국 재상이의 주먹에 잔뜩 겁을 먹은 17반 아이들이 도망치듯 경기를 포기해 버리면서 또다시 "기권승"을 거두었다. 18반 아이들의 "맞짱 뜨기"는 여름방학이 시작되는 7월까지 계속 되며 종목을 가리지 않고 연전연승(連戰連勝)을 거두었는데, 당당한 실력으로 승리한 축구와는 달리 야구는 1회가 채 끝나기도 전에 재상이의 편파(?) 판정에 질려버린 상대편이 기권하며 경기장을 떠나버리는 상황이 계속해서 반복되었다. 어찌됐거나 모든 시합을 다 이겨버린 18반 아이들은 여름 방학식 날에도 역시 그들의 구호를 목청이 터져라 외쳐댔다.

"우리는 18반, 외톨이도 꼴찌도 아니다! 우리는 1등이다!"

[에피소드 2. 2012년 6월5일 서울 목동구장]

무더위가 슬며시 고개를 들기 시작하던 6월 초, 서울이 연고지인 두 팀이 현충일을 하루 앞두고 맞붙게 되었으니, 그 중 하나는 한국 프로야구 팀 중에서 열혈 팬이 많기로 유명한 "L팀"이었고 다른 한 팀은 홈 구장이 위치한 목동에서조차 팬을 찾기가 무척이나 어려운 "N팀"이었다. 어려서부터 "L팀"의 열혈 팬이었던 정혁은 그날도 TV 앞에 앉아 열심히 "L팀"을 응원하고 있었다.

두 팀이 "0-0"으로 팽팽히 맞서던 5회초 "L팀"의 공격, 비록 투 아웃이었지만 주자가 1루에 있는 상황에서 R선수가 왼쪽 타석에 들어섰다. 아직까지 실점을 하지는 않았지만 1회부터 컨트롤이 들쑥날쑥 하던 "N팀"의 좌완 K 투수, "원 스트라이크 쓰리 볼"에서 회심의 슬라이더를 던졌건만 정혁이 보기에도 타자 바깥쪽으로 완전히 빠지는 볼.

"아, 이번 공도 볼입니다. 또 다시 볼 넷을 허용하는 K 투수…"

경기를 중계하던 캐스터가 "볼 넷"이라고 하자 해설자도 안타까운 듯 혀를 차며 맞장구를 친다.

"네, 오늘 K투수의 투구 발란스(Balance)가 별로 좋지 않아 보입니다. 투 아웃이지만 주자가 두 명으로 불어 났네요. 한 명은 스코어링 포지션(Scoring Position)이고요."

그의 말이 끝나기가 무섭게 타석에 있던 R선수는 배트를 땅에 놓고 1루로 걸어 나갔고, 그 사이 2루를 훔치던 1루 주자 역시 천천히 걸어서 2루에 당도했다. N팀의 유격수는 포수가 자신에게 던진 공이 1루 주자보다 훨씬 먼저 2루 베이스에 도달했음에도 불구하고 볼 넷이라 확신 한 듯 주자를 태그(Tag) 하지 않고 공을 다시 투수에게 건네 주었다. 그러나...

"아니, 대체 이게 무슨 일인가요? 스트라이크였나요? 주심이 1루로 나가려는 R선수에게 다시 타석으로 돌아오라고 하는군요?"

예상치 못한 갑작스런 상황에 캐스터가 당황해 하자 그라운드를 유심히 지켜보던 해설가 역시 당혹스러움을 감추지 못한다.

"아, 주심이 '스트라이크' 판정을 했었네요. 볼로 보였지만 스트라이크였군요. 그런데 스크라이크와 볼에 대한 판정은 선수들이 하는 것이 아니라 그 권한이 전적으로 주심한테 있는 거거든요, 1루 주자와 유격수 모두 어이없는 플레이를 했는데...운 좋게도 1루 주자는 도루 하나를 그냥 줏었네요..."

TV를 통해 이 모든 돌발 상황을 지켜보던 정혁마저 어안이 벙벙했지만 "다시 보기" 화면을 통해 자세히 살펴보니 주심은 분명히 "스트라이크!"를 선언했고, 그의 "콜(Call)"을 들은 포수가 2루로 달려가는 1루 주자를 잡기 위해 온 힘을 다해 2루 베이스로 공을 던진 것이었다. 그런데 당연히 볼 넷이라고 판단한 유격수는 역시 볼 넷이라는 생각으로 천천히 2루 베이스로 다가오던 주자를 태그하기는 커녕 공을 다시 투수에게 건네 주고 말았다. 결과적으로 볼 카운트는 "투 스트라이크 쓰리 볼"이 되어 1루로 나가려고 했던 타자는 다시 타석으로 돌아가야 했고, 1루 주자는 도루 하나를 거저 줏은 셈이 돼버렸다.

"근데 주심이 대체 누구길래 저걸 스트라이크라고 하지? 허걱, 또 저 인간이야..."

정혁의 가슴을 답답하게 만든 그 판정의 주인공은 다름아닌 "K"심판이었으니, 야구의 스트라이크 존(Strike Zone)은 분명히 "가로로는 홈 플레이트, 세로로는 타자 가슴으로부터 무릎 사이"의 허공에 위치한 "사각형"이건만, 그의 스트라이크 존은 많은 야구팬들 사이에서 "별 모양 존"이라 불릴 정도로 사차원(?)이었다. 그는 너무 높거나 낮게, 혹은 좌우로 심하게 쏠린 공을 스트라이크로 판정하는가 하면 그 누가 봐도 정확히 한 가운데로 들어

온 공을 볼이라고 하기도 했다. 볼에 대한 판정이 좀 엉망이라도 일관되기라도 하면 좀 나으련만, 같은 타자에게 똑같은 코스로 들어온 공에 대한 판정도 그때 그때 달랐을 뿐만 아니라 "퇴근 본능" 또한 철저해서 승패가거의 결정된 경기 막바지가 되기만 하면 무슨 공이 들어오건 간에 무조건 "스트라이크!"를 외쳐대 팬들의 원성을 사기도 했다. 오죽하면 그가 "공이 한가운데로 꽂혀도 혼이 담기지 않으면 스트라이크가 아니다"라는 말을 한 적이 없음에도 불구하고 네티즌들은 분명 "그 놈"이 한 망언(妄言)임이 틀림없다며 그에 대한 분노를 인터넷 상에서 공공연히 표출하기도 했다.

하지만 어쩌겠는가, 야구에서 스트라이크와 볼에 대한 판정은 주심의 고유 권한이기에 비디오 판독 대상이 아닌 것은 물론 판정에 대한 번복은 커녕 어필 자체가 불가능한 것을. "떨어지는 낙엽은 가을 바람을 원망하지 않는다(落葉不怨秋風)"라는 경구처럼 야구 선수라면 엉터리 판정을 일삼는 주심을 원망하는 대신 그에게 무소불위(無所不爲)의 권한이 부여된 야구라는 스포츠를 하고 있는 자기 자신을 탓하는 것이 평정심을 유지하며 승리를 거둘 수 있는 유일한 비결일지도 모를 일이다. 야구에 대한 이런저런 생각을 하며 경기를 지켜보던 정혁, 밤 9시가 넘어갈 즈음 자신의 핸드폰으로 갑작스레 걸려온 직속 상사 "K상무"의 전화를 한참이나 망설이다 마지못해 받았는데...

"이봐, 허차장, 내일 아침에 출근 좀 할 수 있나? 합작 사업과 관련된 계약서 검토 결과를 내일 모레 아침에 바로 사장님께 보고 드려야 될 것 같거든? 웬만하면 좀... 나오는 방향으로 하지???"

"..."

거세게 불어오는 가을 바람 같은 직속 상사의 한마디에 정혁의 휴일은 낙엽이 되어 저 멀리로 사라지고 있었다. 아, 그 누가 낙엽은 가을 바람을 원망하지 않는다고 했던가...

이 장 첫 부분의 "6학년18반 아이들"과 관련된 에피소드에서도 언급했지만, 야구는 참으로 판정에 대한 논란이 많은 스포츠이다. 물론 축구나 농구 같은 구기 종목은 말할 것도 없고 태권도, 유도, 수영, 쇼트트랙까지 심판의 자질과 판정의 공정성에 대한 논란이 없는 종목은 단 하나도 없지만 필자가 아는 한 야구만큼 빈번하게 판정 시비가 벌어지는 스포츠는 참으로 드문 것 같다. 6학년18반과 14반 아이들의 야구 시합에서도 알 수 있듯이 "파울이냐 페어냐", "아웃이냐 세이프냐" 등이 대표적인 판정 시비 대상이지만, 그 중에서도 제일 가는 진미(珍味)는 "스트라이크냐 볼이냐"에 대한 판정이 아닐까 싶다.

한 팀의 투수들이 9회 동안 150개 내외의 공을 던진다고 할 때 양 팀의 투수가 던지는 투구수는 총 300개 정도이기에 매 경기당 주심은 최대 300번의 스트라이크 – 볼 판정을 해야 하고 (물론 타자의 타격으로 인해 실제 스트라이크-볼 판정 횟수는 그보다 적은 경우가 대부분 일 것이다), 야구 전문가에 따르면 스트라이크 - 볼 판정의 오심률은 한국 프로야구의 경우 15% 정도로 경기당 최대

40번의 오심이 나온다고 하며, 세계 최고 수준이라는 미국 메이저리그의 경우에도 오심률이 13%에 이른다고 한다. 놀랍지 않은가? 리그를 막론하고 대다수의 프로야구 심판들이 선수 출신인데다가 어려운 심판 시험을 통과해야 함은 물론 (한국의 경우) 의무적으로 5년간 2군에서 심판 경험을 쌓아야 하고, 거기에 더해 주기적으로 심판 교육을 받고 있음에도 10번의 판정 가운데 최소한 한 번은 오심이라니? 반면 야구와 함께 최고의 인기를 누리고 있는 축구의 경우 심판이 경기당 약 245번의 판정을 내리며 그 중 평균 5회의 오심을 해서 그 비율이 2% 정도밖에 되지 않는다고 한다 (2018년 영국 프리미어 리그 기준).

이제 이해가 좀 되시는가? 대체 왜 6학년18반 아이들이 축구는 정상적으로 정정당당하게 승리를 거뒀지만 야구는 전부 다 기권승을 거뒀는지? 실력도 뛰어난데다가 산전수전 다 겪은 경험 많은 심판이 판정을 내려도 그 오심률이 15%에 이르는데 하물며 야구에 대한 지식이 일천한 "동네 아이들"이 자기 팀에게만 유리하게 편파적으로 판정을 하니 경기를 제대로 진행할 수 없는 것은 물론 볼 판정 하나 때문에 치고 받고 싸울 수 밖에 없다는 얘기다.

물론 논란이 가장 많은 "스트라이크-볼" 판정을 제외한 "아웃-세이프", "파울-페어", "공이 몸에 맞았는지 안맞았는지", "공을 곧바로 잡았는지 아니면 땅에 떨어진 후에 잡았는지" 등에 대한 판정은 상대적으로 명확한데다가 비디오 판독도 활용할 수 있어 그 정확도가 좀 높기는 하지만 전체 야구 판정의 오심률이 10% 내외라는 것이 전문가들의 공통적인 의견이다.

그렇다면 야구 경기에서는 왜 이렇게 많은 오심이 나오는 것일까. 제일 먼저 오심률이 가장 높다는 "스트라이크 - 볼" 판정부터 들여다 보기로 하자. 필자는 초등학교 1학년이던 1977년부터 TV를 통해 야구를 처음으로 접했는데, 당시 공중파 채널 세 곳 중 "7번"에서 중계되는 경기에는 통 재미를 느끼지 못했다. 다 엇비슷한 야구 경기인데 왜 그 채널에서 중계를 하면 재미가 없었을까? 그 이유는 바로 다른 채널들은 투수 뒤에 메인 카메라를 설치하고 (엄밀히 말하면 중견수 쪽 외야 관중석에 설치) 중계를 해서 투수가 던진 공의 궤적은 물론 공을 잡은 포수 미트의 정확한 위치까지 볼 수 있었지만, "7번"은 포수 뒤 (엄밀히 얘기해서 주심 뒤)에 메인 카메라를 설치하고 중계를 했기에 체구가 산만 한 데다가 여러 가지 보호 장비까지 착용하고 있는 포수와 심판에 가려 날아오는 공은 물론 그 공을 잡은 포수 미트의 위치도 제대로 볼 수가 없어 그 재미가 반감되었던 것이다.

포수 뒤에서 투수가 던진 공에 대한 판정을 내리는 심판의 입장도 이와 크게 다르지 않다. 포수를 향해 날아오는 공의 이동 경로야 잘 볼 수 있을지 모르지만 최고 160km의 엄청난 속도로 날아오는 강속구가 허공에 떠있는 스트라이크 존에 걸쳤는지 안 걸쳤는지 판단하기 어려운 것은 물론, 포수가 공을 잡은 미트의 위치 또한 포수에 가려 정확히 볼 수 없기에 10번 가운데 평균 한 번 이상의 오심을 저지른다. 게다가 타자 바깥쪽으로 심하게 휘어나가는 슬라이더나 위에서 아래로 똑~하고 떨어지는 드롭성 커브의 경우, 공이 홈 플레이트를 지날 때는 분명 스트라이크 존에 걸친 것 같이 보였지만 공을 잡은 포수 미트의 위치는 바깥쪽으로 심하게 쏠려 있다 던지 혹은 땅바닥에 거의 맞닿아 있는 경우도 가끔씩 발생해서 TV 화면을 지켜보는 시청자들을 어리둥절하게 만든다.

만일 프로야구 주심이 1800년대 말 미국에서와 같이 투수 뒤에서 스트라이크-볼 판정을 내린다면 조금 더 정확한 볼 판정을 내릴 수 있을지도 모르지만, 공을 받는 포수로부터 20m나 떨어진 곳에서 판정을 한다는 것도 논란의 여지가 많다 또한 주심이 투수 뒤에 서있다가 타구에 맞아 경기 진행을 끊거나 야수의 시야를 가려 수비를 방해한다면? 이러한 이유들로 인해 주심의 위치는 계속해서 포수의 뒷자리가 될 것이고, 스트라이크-볼 판정에 대한 불편한 상황 역시 계속 될 것이다 (1800년대 말에는 주심이 본래는 포수 뒤에 있다가 주자가 누상에 나가면 투수 뒤로 위치를 이동하곤 했다).

볼 판정에 오심이 많은 두 번째 이유는 위에서 언급한 것과 같이 스트라이크 존이 허공에 떠있는 "무형의 공간"이기 때문이다. 만일 투수가 포수에게 공을 던지는 대신 축구의 골 망에 해당하는 잠자리 채의 그물 망에 공을 던지고 그 공이 그물 망에 들어가면 스트라이크, 들어가지 않으면 볼로 판정한다면 볼 판정에 대한 시비는 모두 사라지게 될 것이다. 하지만 야구에서 포수의 역할은 단지 투수의 공을 받는 것에만 그치지 않고 싸인 내기, 주자 견제, 수비 조율, 기타 내야수로서의 수비도 포함하기에 현실적으로 포수를 없애는 것은 불가능하며, 스트라이크 존은 타자의 체형에 따라 항상 바뀌기에 똑같은 크기의 그물 망을 모든 타자에게 일괄적으로 적용하는 것 또한 말이 안된다. 결국 주심은 허공에 붕~하고 떠 있는 스트라이크 존의 통과 여부에 의해서만 스트라이크-볼을 판정할 수 밖에 없으며, 주심 또한 머리 속에 계속해서 떠오르는 잡생각으로 인해 한 가지에 오랫동안 집중하지 못하는 하나의 인간이기에 수많은 오심을 범하게 되는 것이다.

볼 판정에서 오심이 자주 발생하는 마지막 이유는 주관적이고도 자의적일 수 밖에 없는 주심의 판단에 볼 판정을 전적으로 맡겨 놓은 야구의 태생적인 한계 때문이다. 선발 투수와 포수가 시합 전에 하는 준비 과정 중에서 가장 중요한 것은 무엇일까? 몸 풀기, 글러브 점검하기, 싸인 맞춰보기 등 여러 가지가 있겠지만, 그 중에서 가장 중요한 것의 하나가 바로 그 날 배정된 주심의 스트라이크 존에 대한 대응 방안을 마련하는 것이라고 한다. 아무리 공을 한 복판으로 잘 던져도 주심이 스트라이크로 선언하지 않으면 타자와의 싸움에서 이길 수 없는 것은 고사하고 볼 판정에 대해서 어필 하는 순간 즉시 퇴장 당할 수도 있기에 투수는 주심의 "주관적이고도 자의적인" 스트라이크 존에 맞춰 공을 던지는 것 외에 그 어떤 선택권도 없다는 것이다.

그러나 매 경기당 양 팀의 투수가 3백여 개에 가까운 공을 뿌리는 마당에 볼 판정에 대한 주심의 "절대적인 권위"를 인정하지 않고 매번 배터리(Battery, 투수와 포수)와 타자는 물론 양팀의 감독까지 나와서 항의를 한다고 가정 해보자. 그렇지 않아도 3시간이 넘는 긴 경기 시간으로 인해 적지 않은 팬들이 야구장을 떠나고 있는 판에

"이놈 저놈(?)" 할 것 없이 볼 판정에 대해서 어필을 일삼는다면 정규 이닝을 마치는 데에만 5시간이 넘게 소요될 것이고, 더 많은 팬들이 야구에 등을 돌릴지도 모른다. 결론 : 볼 판정에 관한 한 주심은 직장의 직속 상사와도 같다. 그는 나의 현재는 물론 미래까지도 좌지우지할 수 있기에 그의 스타일과 성격을 파악해서 잘 맞춰드려야 할 뿐, 나에게 그 외의 선택권은 없다 (물론 퇴사를 하면 되겠지만, 어디 그게 말같이 그리 쉬운 일인가...)

가장 오심이 잦은 스트라이크-볼 판정 외에도 "아웃-세이프", "파울- 페어" 등에 대한 판정에서도 오심이 속출하는데, 필자는 (축구에 비해) 야구에서 오심이 많이 나오는 이유를 야구공의 크기와 속도에서 찾는다. 먼저 크기를 살펴보면 야구공의 지름이 7.23cm인 반면 축구공의 지름은 23cm로 둘 간에 큰 차이가 있으며, 만일 야구공보다 몇 배가 큰 축구공으로 발야구를 한다면 공과 주자 중 누가 더 먼저 베이스에 도달했는지 또는 타구가 파울인지 페어인지 **훨씬** 더 쉽게 판별할 수 있을 것이다. 다음으로 속도. 세계 최고의 축구 선수가 강하게 찬 "무회전 킥"의 속도가 보통 110km 정도이고 세계에서 가장 빠르다고 기록된 킥도 160km에 불과(?)한 반면, 배트에 맞아 빨랫줄같이 뻗어나가는 야구공은 웬만하면 200km를 상회한다. 야구공의 속도가 이리 빠르니 파울인지 페어인지 판별하기 어려운 것은 물론 아무리 자세히 살펴봐도 야수가 공을 직접 받았는지 아니면 한번 바운드 된 공을 잡았는지, 공과 주자 중 누가 먼저 베이스에 도달했는지 파악하기란 참으로 어렵다.

또한 야구는 룰이 까다롭다. 축구공이 골 망을 철렁~ 하고 흔들면 골인이고 골대에 맞고 나오면 당연히 노 골(No Goal), 공이 골 라인 또는 사이드 라인 바깥으로 나가면 무조건 아웃으로 아무리 축구에 문외한 사람이라도 쉽게 알아차릴 수 있는 반면, 야구는 폭이 7cm에 불과한 파울 라인 위에 공이 떨어졌는지 아니면 그 바깥쪽에 떨어졌는지, 담장을 넘어간 공이 한번 바운드가 되고 넘어갔는지 아니면 그냥 넘어갔는지, 투수가 던진 공이 타자의 방망이에 조금이라도 스쳤는지 아니면 그냥 헛스윙을 했는지가 승부의 향방을 결정할 만큼 매우 중요하다. 룰이 복잡한 만큼 제대로 된 판정이 이루어지려면 심판의 자질도 높아야 하건만, 결정적인 순간마다 어이없는 오심이 나와 팬들을 분노케 하는 것은 물론 심한 경우 심판 매수설까지 제기되기도 한다.

시도 때도 없이 발생하는 오심을 조금이라도 줄여보고자 최근에는 팀 당 3회씩 총 6회의 비디오 판독이 가능하며 (물론 스트라이크-볼 판정은 판독 대상에서 제외) 통계적인 기법과 센서 기술이 적용된 로봇 심판을 프로야구 2군 경기에서 실제로 활용하고 있으나, 아직까지는 기존의 스트라이크 존과 확연히 다르다는 의견이 많은데다가 야구의 오랜 전통을 해친다는 주장도 무시할 수 없어 전면적인 시행에는 꽤나 오랜 시간이 걸릴 것으로 보인다.

자, 야구의 오심과 관련된 얘기는 여기까지만 하기로

하고, 지금부터는 말도 많고 탈도 많은(!) 영어 단어인 "Ball"과 "Strike"에 대해서 알아보도록 하자.

먼저 "Ball". 야구 초창기에는 타자가 치기 어려운 공을 그냥 "Ball"이라고 부르지 않고 "High Ball (높은 공)" 또는 "Low Ball (낮은 공)"이라 불렀다고 한다. 한가지 재미있는 점은 공의 높낮이만 따졌을 뿐 공이 좌우로 쏠리는 것은 따지지 않았다는 것인데, 주심이 눈 대중으로 보아 타자가 배트에 공을 맞힐 수 있다고 판단하면 스트라이크, 맞히기 어려울 것 같으면 볼이라고 판정했던 것 같다. 본래 야구 라는 스포츠의 기본이 "던지고, 치고, 달리는" 것이지 "기 다리고, 볼 고르고, 걸어나가기"가 아니기에 예전에는 지 금과 같이 볼 4개만 잘 고르면 1루로 자동 출루권이 주어 지는 것이 아니라 무려 9개(!)의 볼을 골라야 "(볼 넷이 아 닌) 볼 아홉"으로 1루로 출루할 수 있었다. 이럴 경우 타 자의 공격 본능을 자극하는 장점이 있을지는 몰라도 경기 시간이 하염없이 늘어지며 경기의 재미가 떨어지는 단점 이 있기에 자동 출루권이 주어지는 볼의 숫자가 점점 줄 어들어 지금의 "볼 넷"으로 정착되었다는 거다. 또 1899년에는 일부 심판들이 "그냥 'Ball'이라고만 하면 되지 굳이 'High Ball' 또는 'Low Ball'이라고 일일이 소리칠 필요가 있을까?"라는 반론을 제기해서 결국 "높던 낮던 옆으로 쏠리던 땅에 바운드 되서 들어오건 어쩌건 간에" 그냥 다 "Ball"이라고 부르기로 해서 오늘 날에 이르고 있다고 한다.

그렇다면 보통 "공"으로 번역되는 이 "Ball"이 가진 또 다른 뜻은 무엇일까. 얘기하기 좀 그럴 수도 있지만 우리 모두의 영어 실력 향상을 위해 조금만 더 대담(?)해지면 "Ball"은 그 외면적인 유사성으로 인해 "(수컷의) 고환"을 가리키기도 한다 (물론 조금 고상하게는 "Testicle"이라 부른다). 아주 친한 남자들끼리 "Scratch One's Balls (I'm scratching my balls)"라는 표현을 사용하곤 하는데, 이는 "(별다른 일도 없이 그냥 죽 때리면서) 자기 불X이나 긁적이고 있다"라는 뜻이다.

그리고 우리에게 친숙한 "Ballroom"이라는 단어는 "무도회장, 연회장"이라는 뜻인데, 그렇다면 아주 옛날 유럽에서는 남녀가 "공을 잔뜩 모아 놓은 방"에 모여서 춤을 추었던 것일까? 전혀 그렇지 않다! 이 "Ballroom"에서의 "Ball"은 "춤을 추다"라는 뜻을 가진 라틴어인 "Ballare"에서 유래한 단어로서, 그 자체로 "춤"이라는 뜻이란다. 스페인 출신의 유명 팝가수 "엔리케 이글레시아스(Enrique Iglesias)"가 부른 "Bailamos"라는 노래가 있는데, 그 뜻은 "우리 같이 춤춰요"이며 "Bailamos"의 동사 원형은 "Bailar (춤추다)"로서 영어의 "Ball"과 그 어원이 같다.

그 다음으로 "Strike". 야구 초창기에는 심판이 그냥 "Strike!"라고 했던 것이 아니라 "Called Strike!"라고 큰 소리로 외쳤었는데, 앞서 소개한 "Ball"의 경우와 유사하게 "Called"가 슬그머니 사라지면서 "Strike"만 남게 되었다고 한다. 그런데 "Ball"이야 "High Ball" 또는 "Low Ball"이라고 하다가 "Ball"이 된 것이 당연하다 하겠지만, 하고 많은 단어 중에 "타자가 치기 적당하게 들어온 공"을 왜 "Strike"라고 부른 것일까? 그 유래를 알아보기 위해 1800년대 초반으로 한번 거슬러 올라가보자. 지금이야 투수가 팀 전력에서 차지하는 비중이 거의 50%에 이를 정도로 "절대 갑"

의 지위를 굳건히 지키고 있지만 야구 초창기에는 그렇지 않았는지 당시에는 타자가 "어이, 투수, 난 낮은 볼을 잘 치니까 한번 낮게 던져봐" 또는 "야, 이번엔 안쪽으로 높게 던져봐"라고 투수에게 요구할 수 있는 권한이 있었다고 한다. 그런데 공이 타자가 요구한대로 날아 왔음에도 불구하고 방망이를 휘두르지 않고 멍하니 서있으면 심판이 "야, 타자! 니가 원하는 데로 왔는데 왜 안치고 가만히 서있어? 다음엔 꼭 쳐!"라는 뜻으로 "Strike!"라고 했다는 거다. 그리고 현대 야구에서는 스트라이크가 3개 들어오면 "Strike Out!"이 선언되며 타자는 바로 벤치로 물러나야 하지만 예전에는 1루로 뛰어 갈 수 있는 권한이 주어졌다고 하며, 공보다 먼저 1루에 도착하면 세이프, 공이 먼저 도착하면 아웃이었다고 한다. 하지만 거의 대부분의 경우 포수가 던진 공이 타자보다 먼저 1루에 도착하기에 "어차피 아웃 될 거, 뛰어서 뭐해"라고 판단하고는 뛰지 않는 타자들이 늘어났고, 결국 "낫 아웃(Not Out)" 상황을 제외하고는 스트라이크 3개로 "자동 삼진 아웃"되는 제도로 바뀌었다.

자, 이제는 "Strike"의 다양한 뜻에 대해 알아볼 차례다. 야구에서 "Strike"와 정반대 개념인 "Ball"이라는 단어가 가진 의미는 기껏해야 서너 개에 불과한 반면 이 "Strike"에는 정말로 징글 징글(?)할 정도로 많은 뜻이 있는데, 그 중에서도 가장 대표적인 것은 앞에서도 설명했듯이 "(세게) 치다, 때리다, 공격하다"가 되겠다. 그리고 "(재난이나 질병이) 발생하다"라는 뜻도 있는데, 벌써 1년이 넘게 우리를 괴롭히고 있는 코로나 바이러스를 사용해서 예문을 만들어 보면, "The coronavirus has struck, and the Amazon can do nothing to protect itself (코로나 바이러스 사태가 발생했지만 아마존은 자신을 지키기 위한 그 어떠한 것도 할 수 없었다)."가 되겠다. 또한 "(생각이나 아이디어가) 떠오르다"라는 의미도 있으며, 인류 최초로 달에 발을 디딘 "Neil Armstrong"의 어록 중 하나인 "It suddenly struck me that that tiny pea, pretty and blue, was the Earth (갑자기 저 작고 귀여운 푸른 빛깔의 완두콩이 지구일 거라는 생각이 들었다)."와 같이 사용할 수 있겠다.

그리고 "Strike"가 포함된 대표적인 숙어로는 "Strike a

Balance"를 들 수 있는데, "Strike"가 가진 첫 번째 뜻인 "치다, 공격하다"에 근거해서 그 뜻을 추측해 보면 "균형이 무너지다"라고 생각 할 수도 있지만 그의 사전적인 뜻은 "균형을 맞추다"이며, 본래 회계에서 "차변(Debit)과 대변(Credit)을 맞추다"라는 뜻으로 사용되다가 현재는 "(양자 간에) 적당한 선에서 타협하다 (choose a moderate course or compromise)"라는 의미로도 사용된다. 즉, "~strike a balance between life and work"은 "일과 삶의 균형을 맞추다"이며, "She's decided to strike a balance between fashionable and accessible"의 뜻은 "그녀는 (패션의) 예술성과 실용성 간의 균형을 맞추기로 결심했다"가 되겠다.

또한 얼핏 들으면 무슨 뜻인지 헛갈리는 "Strike a Pose"라는 숙어도 있는데, 이는 "(사진을 찍기 위해) 포즈를 취하다"라는 뜻으로 "Do (Make) a Pose"라고도 한다. 본래 "치다, 때리다"라는 뜻을 가진 "Strike"가 "Do"나 "Make"와 같은 뜻으로 사용되기도 한다니, 매번 느끼는 것이지만 정말로 영어 공부에는 끝이 없는 것 같다.

이제 명사로 넘어가 보자. "Strike"의 첫 번째 뜻인 "치다, 때리다"에서 쉽게 유추할 수 있는 "치기, 타격, 공격"이라는 뜻 외에 "파업", 야구가 아닌 볼링에서의 "스트라이크 (첫 번째 던진 공으로 모든 핀을 쓰러뜨리는 것)라는 뜻도 있고, "Strike"에 "~er"이 붙은 "Striker"는 축구에서 골을 많이 넣는 "골게터"를 의미한다 (야구초창기인 1800년대에는 "Striker"가 "타자"를 의미했지만 지금은 "Hitter" 또는 "Batter"라고 부른다).

이제 결론. 앞에서 설명한 것과 같이 야구의 기본은 "던지고, 치고, 달리기"이며 볼에 대한 판정은 전적으로 주심에게 달려 있기에 만약 공이 "Striking Distance (칠 수 있는 거리, 매우 가까운 거리)"로 들어 온다면 멍하게 서 있는 대신 힘차게 방망이를 휘둘러야 한다. 지레 짐작으로 "볼"이라고 판단하고는 가만히 서서 "Strike-Out Looking (루킹 삼진)"을 당하는 타자처럼 우둔한 인간은 이 세상에 없기에 "Moonstruck Madness (달에 치어 솟아오르는 광기, 'Struck'은 'Strike'의 과거분사)"에 사로잡힌 것처럼 배트를 세차게 돌려야 한다. 비록 투수 앞으로 때굴때굴 굴러가는 땅볼에 그칠지라도.

옛부터 전해 내려오는 "Strike while the iron is hot (쇠가 달았을 때 세차게 두드려야 한다, 즉, 기회가 왔을 때 반드시 잡아야 한다)"라는 말도 있지 않은가, 나에게 날아오는 공이 아주 조금이라도 스트라이크와 비스므레하게 보이면 "묻지도 따지지도 말고" 방망이로 쌔려(!) 버리고 모든 베이스(Base)를 돌아 두 팔을 흔들며 홈 플레이트(Home Plate)로 돌진할지어다. 다음 장의 주제는 "Base"와 "(Home) Plate"이다.

제4장. Base vs. Plate, 야구장에

왠 접시?

[첫번째 노래. "Home" sung by Daughtry]

I'm staring out into the night, trying to hide the pain
난 애써 슬픔을 감추며 깊어가는 밤을 바라보면서

I'm going to the place where love and feeling good don't
ever cost a thing
사랑과 행복이 넘쳐나던 바로 그 곳으로 달려가고 있지

And the pain you feel's a different kind of pain
힘겹긴 하지만 고통스럽진 않아

Well, I'm going home, back to the place where I belong
and where your love has always been enough for me
항상 애정이 충만했던 집으로 나는 돌아가고 있어

I'm not running from, no, I think you got me all wrong
난 이 무거운 현실로부터 도피하고 있는 게 아니야

I don't regret this life I chose for me
내가 선택한 나의 삶을 후회하는 건 아니지만

But these places and these faces are getting old

나를 둘러싼 이 모든 것들은 이젠 너무 진부해져 버렸어

So I'm going home, well I'm going home

그래서 나는 이제 집으로 가려고 해

[두번째 노래. "Home" sung by Michael Buble]

Another summer day, has come and gone away in Paris and Rome,

또 다른 여름 밤이 깊어가네, 이 곳 파리와 로마에서

But I wanna go home   하지만 난 집으로 돌아가고 싶어

May be surrounded by a million people I still feel all alone

수백만 명의 사람들과 함께 있지만 난 단지 외로울 뿐

Just wanna go home, oh, I miss you, you know

난 단지 당신이 있는 집으로 돌아 가고 싶을 뿐이야

And I've been keeping all the letters that I wrote to you

당신에게 쓴 많은 편지들을 차마 보낼 수는 없었지

Each one a line or two I'm fine baby, how are you?
내가 적은 것이라곤 "사랑하는 그대, 어떻게 지내"라는 한
두줄 뿐이었고

Well I would send them but I know, that it's just not
enough 당신을 향한 내 마음을 보여주기엔 너무 부족했
기에 단 한 통도 보낼 수 없었지

My words were cold and flat and you deserve more than
that 나의 이 부족한 글 솜씨로 당신에 대한 사랑을
표현할 순 없었어

Another airplane, another sunny place I'm lucky I know
또다시 비행기를 타고 좋은 곳에 가는 호사를 누리지만

But I wanna go home mmm, I got to go home, let me go
home 난 오직 집에 가고 싶을 뿐이야

I'm just too far from where you are, I wanna come home
당신이 있는 바로 그 곳으로

야구 팬은 물론이고 야구에 별다른 관심이 없는 사람도 잘 알고 있을 것이다. 야구라는 스포츠에서 점수를 올리기 위해서는 타자가 공을 친 후 1루, 2루, 3루를 차례로 거쳐 반드시 홈으로 돌아와야만 한다는 것을. 그렇다면 머리 속에서 한 가지 의문이 솟아난다. 야구에 존재하는 총 4개의 베이스 (Base) 중에서 처음 3개는 영어로 "First Base", "Second Base", "Third Base"라고 하면서 대체 왜 4번째 베이스(Base)는 "Fourth Base"라 하지 않고 "Home"이라고 부르는지 말이다.

본래 자신이 태어나고 자랐음은 물론 현재도 삶의 근거지인 가정(家庭)을 "Home"이라고 하듯 타자가 타격을 했던 "본래의 자리"이기에 "Home"이라 부른다고 단순하게 생각할 수도 있지만, 프랑스의 문화인류학자인 "클로테르 라파이유(Clotaire Rapaille)"의 생각은 조금 다르다. 그는 2007년 출간된 "컬처 코드 (Culture Code)"라는 책을 통해 미국의 국기(國技)인 야구에서 "4번째 베이스"를 "Home"이라 부르는 이유를 미국인들의 "Home"에 대한 강한 애착 때문이라고 설명한다.

본래 "아메리칸 원주민(Native Americans)"들이 살던 아메리카 대륙에 17세기가 되서야 이주를 시작한 초창기 유럽 이주민들의 상황은 매우 참담했다. 그들 대부분은 고국에서의 정치 또는 종교적인 핍박, 그리고 가난과 배고픔을 피해 자신의 모든 것을 버리고 수개월에 걸친 목숨을 건 항해 끝에 아메리카 대륙에 도착한 사람들이었고, 그들이 가진 것은 아무것도 없었다. 무언가를 소유했을 때의 편안함보다는 그것을 잃었을 때의 불편함과 상실감은 이루 말 할 수 없을 정도로 큰 것이기에 고향에 두고 온 다 쓰러져가던 집(First Home)에 대한 그리움 또한 매우 컸을 것이고, 하루가 멀다하고 "이 놈의 지겨운 집구석"이라며 자신의 옛집을 폄하했던 자기 자신을 끝도 없이 원망했을 것이다.

따라서 낯설기 그지없는 신대륙에서 생명을 위협할 정도의 극심한 노동을 통해 다시 얻게 된 집(Second Home)에 대한 그들의 애정이 어느 정도였을지 상상하기란 그리 어렵지 않다. 이 새롭게 쟁취해낸 집을 지킨 다는 미명하에 그들은 대영제국의 무시무시한 병사들과 목숨을 걸고 싸웠고, 자신들을 굶주림과 추위로부터 구해준 원주민들을 잔인하게 학살하거나 아주 멀리 추방시켜 버리기까지 했던 것이다 (하지만 편협한 이기주의와 인종주의에 사로잡혀 원주민들을 거의 절멸 상태에 이르게 한 것은 비난 받아 마땅한 반인류적인 범죄임이 틀림없다). 이쯤 되면 미국 정부가 한국 전쟁이나 베트남 전쟁, 저 멀리는 제2차 세계대전에 이르기까지 조국의 부름을 받아 자신의 목숨을 바친 전사자들의 유해를 왜 그렇게 기를 쓰고 발굴해서 "Home"으로 송환하려고 하는지 대충 감이 잡힌다 (전사자 유해 발굴 및 송환 작업과 관련된 구호 또한 "You are not forgotten", "We bring them home"이다). 그리고 미국인들이 우주 비행을 마치고 지구로 귀환한 우주 비행사들을 왜 그렇게 환대하는지, 또 챔피언 트로피를 높이 치켜 들고 홈 그라운드로 돌아온 NBA 농구 스타들을 왜 그리 환영하는지에 대해서도. 마지막으로, 야구장의 홈 플레이트를 향해 혼신의 힘을 다해 질주하는 주자를 왜 그렇게 두 팔 벌려 환영하는지에 대해서도 말이다.

그들의 "Home"에 대한 강한 집착은 다수의 영어 표현에서도 발견되는데, 예를 들어 "Close to Home"의 사전적인 의미는 "집에서 가까운"이지만 이는 또한 "정곡을 찔러 가슴을 움찔하게 하는 (it makes people feel uncomfortable or upset because it is about a sensitive or very personal subject)"라는 뜻을 가지고 있으며, "Her remarks about me were embarrassingly close to home"이라고 하면 "그녀가 한 말은 당황스러울 정도로 정곡을 찔러 내 가슴을 움찔하게 만들었다"라는 뜻이다.

또한 이와 동일 선상에서 "Hit close to home"이라는 표현은 "남의 일 같지 않다, 가슴에 매우 강하게 와 닿다 (to affect one deeply and emotionally because one can relate very closely)라는 뜻으로, "Your patient's lung cancer diagnosis hits me close to home because my uncle recently died of the same thing"은 "최근 우리 삼촌이 폐암으로 돌아가셔서 그 환자가 폐암에 걸렸다는 것이 남의 일 같지 않다"라고 해석할 수 있겠다.

이들 표현이 어떻게 생겨났는지 그 어원은 명확하지

않지만 "Home"이 아니라 "Home"에서 조금 가깝기만 해도 가슴이 움찔할 정도를 넘어 남의 일 같지 않고 자기 일같이 느껴진다니, 그들의 "Home"에 대한 애착이 얼마나 대단한 가를 알 수 있다. 결과적으로 "Home"으로 무사히 돌아오는 주자가 많으면 많을수록 좋은 야구라는 스포츠가 어떻게 해서 그들의 "국민 스포츠"가 되었는지, 또 타자가 친 공이 저 멀리 외야 펜스를 넘겨 바로 "Home"으로 들어올 수 있는 자격이 주어지는 타격을 왜 "Quadruple (영어로 안타는 Single,, 2루타는 Double, 3루타는 Triple이라고 한다)"이나 "Four-Base Hit (안타는 One-Base Hit, 2루타는 Two-Base Hit, 3루타는 Three-Base Hit라고도 한다)"이라 하지 않고 "Home Run"이라 부르는지, 마지막으로 야구의 네 번째 베이스를 왜 "Fourth Base"라 하지 않고 "Home Plate (또는 Base)"라고 부르는 지가 좀 더 명확해 진다.

그렇다면 "Home"에 있는 "Base"는 대체 왜 "Home Base"라 하지 않고 거의 대부분의 경우"Home Plate"라고 부르는 것 일까. 그 이유를 파악하기에 앞서 먼저 "Plate"

의 어원과 그 뜻에 대해서 알아보면, "Plate"의 어원은 12세기까지 거슬러 올라가는데 "Piece of Metal (금속 조각)"이라는 뜻을 가진 라틴어인 "Plata"가 영국으로 건너와 14세기에 "(금속으로 만든) 갑옷", "(금이나 은으로 만든) 접시"라는 뜻이 되었다고 한다. 유럽에서 접시는 본래 금이나 은, 또는 금속이나 나무로 만들었는데, 중국에서 건너온 도자기 제작 기술이 발전함에 따라 영국의 "Wedgwood"와 같이 왕실에 전문적으로 도기와 자기를 공급하는 업체들이 생겨나면서 점차 도자기로 바뀌었다고 하며, 드물기는 하지만 유리나 플라스틱, 그리고 대리석으로 만든 접시도 종종 눈에 띈다.

그리고 "Plate"에는 위에서 설명한 "접시"라는 뜻 외에 "사진의 감광판(感光板)"이나 "진공관(眞空管)의 양극으로 쓰이는 금속판"이라는 매우 "이과(理科)"스러운 뜻도 있지만 "아, 이런 뜻도 있구나" 하는 정도로만 알아두면 될 것 같고, "License Plate(자동차 번호판)"나 "Plate Number(자동차 번호)"는 자주 사용되니 반드시 알아두도록 하자. 필자가 1990년대 초 카투사 MP(Military Police)로 근무 할 당시의 주요 업무 중의 하나가 미군과 함께 순찰 차(Patrol Car)를 타고 용산기지 및 이태원을 순찰하는 것이었는데, 기지 내에 불법 주차된 차량 (Illegally-parked Vehicle)이나 버려진 차량(Abandoned Vehicle)을 발견하면 "Desk Clerk (헌병본부 당직 병사)"에게 "Would you run a plate for me (차량 번호 조회 좀 해주실래요)?"라며 무전기를 통해 요청하곤 했다. 당시에는 미군 동료가 하는 말을 그냥 별 생각 없이 따라 했었는데, 최근 "Criminal Minds"라는 범죄 관련 "미드"에 비슷한 표현이 나오길래 약 30여년 전의 기억을 되살려 "Run"의 뜻을 찾아 보았더니 사전에 "Run a check on (조사하다)"이라는 표현이 있었고, 본래 "Would you run a check on a plate for me?"라고 말해야 할 것을 "~a check on~"은 쏙~ 빼버리고 위와 같이 말한 것이었다.

마지막으로 "Plate"에는 "도금하다"라는 동사적인 의미도 있다는 것을 알아두시기 바라며, 이젠 야구의 4번째 베이스가 왜 "Home Plate"라는 호칭을 갖게 되었는지 그 이유를 살펴보도록 하자. 애초부터 홈 플레이트는 다른 세

개의 베이스와는 그 기능이 달랐으니, 1-2-3루가 홈으로 들어오기 위해서 잠시 거쳐야 할 "통과의례"적인 단순한 "통로"의 의미를 갖는다면, 홈은 타자가 타격을 하는 "본루(本壘)"로서의 역할과 함께 득점을 올리기 위해서는 주자가 공보다 먼저 도착해야만 하는 "네 번째 베이스"라는 중첩된 기능을 수행한다. 따라서 1-2-3루는 주자가 편하게 슬라이딩 하거나 밟고 지나갈 수 있도록 정사각형 모양이지만, 홈은 주자의 최종 목적지인 동시에 타격을 위한 스트라이크-볼 판정이 이루어지는 곳이기에 공을 던지는 투수와 판정을 내리는 주심이 스트라이크 존을 잘 볼 수 있도록 오각형 모양으로 되어 있다 (포수 쪽으로 향한 홈 플레이트의 뾰족한 부분이 투수와 주심의 시선을 모으는 역할을 한다고 한다. 마치 남성용 소변기에 그려진 "파리" 한 마리가 뭇 남자들의 시선을 사로 잡아 조준의 정확도를 높여주듯...)

하지만 본래부터 홈 플레이트가 오각형이었던 것은 아니고 야구 초창기에는 둥근 모양이었다고 하며, 그 재질 또한 현재와 같은 고무가 아니라 돌이나 유리 등으로 매우 다양했다고 한다. 야구를 하고 싶기는 하지만 모든 물자가 부족하던 19세기 초엽, 홈 베이스로 사용할 수 있는 적당한 사물을 찾아 헤매던 야구 매니아들은 부엌에 있는 둥근 접시(Plate)를 마나님들 몰래(?) 가지고 나가 홈에 살짝 묻어 놓았고, 그로 인해 야구에서의 4번째 루는 "Home Base"로도 불리지만 대부분 "Home Plate"라고 한다는 거다 (물론 그 유래에 대해서는 수많은 주장이 존재하며, 여기서 소개한 내용은 그 중의 하나에 불과하다). 그 후 홈 플레이트는 스트라이크 존을 명확하게 표시하기 위해서 1869년에 가로 세로 각각 12인치(30.5cm)의 정사각형으로 규격화되었고, 주자와 포수의 부상을 방지하기 위해서 그 재질이 고무로 바뀌었다. 그리고 1901년에는 위에서 설명한 것과 같이 투수와 주심이 스트라이크 존을 좀 더 잘 볼 수 있도록 그 모양이 오각형으로 바뀌었다고 한다 (오각형으로 바뀐 이유는 한 가지 더 있는데, 오각형 빗변을 따라 쭉~하고 선을 그으면 1루와 3루의 베이스 라인을 정확하게 그릴 수 있다고 한다).

자, 이제 이 장의 맨 첫 부분으로 다시 되돌아 가보자. 첫 번째 노래의 주인공은 사랑도 성공도 모두 잃고 이젠 인생에 너무 지친 나머지 아주 오래 전에 떠났던 집으로 다시 돌아가고 있는 중이다. 두 번째 노래의 주인공은 어떤가. 그는 비록 성공가도를 달리며 모든 이들의 추앙을 받는 "Super Star"이지만 지금이라도 당장 자신을 둘러싼 모든 것을 떠나 사랑하는 이가 있는 집으로 돌아가고 싶은 마음뿐이다. 이 두 명의 주인공이 처한 상황은 서로 다르지만 그 둘이 공유하는 것이 하나 있으니, 그것은 바로 "Home"에 대한 끝없는 그리움과 숨길래야 숨길 수 없는 애정이다. 이들과 마찬가지로 그라운드의 누상에 나가 있는 주자들은 모두 "Home"에 대한 무한한 집착을 보이며 기를 쓰고 다시 그곳으로 돌아가려고 한다. 다음 타자가 제대로 된 진루타를 치지 못하거나 안타를 치더라도 공이 자신보다 홈에 먼저 도착한다면 안타깝게도 아웃 되어 버릴 것이지만, 이러한 사실들이 그의 "Home"을 향한 강철 같은 열정을 꺾진 못하리라. 그가 무사히 "Home"에 도착하는 순간 자신에게 쏟아질 승리의 환호성과 그보다 더 소중한 동료들의 무한한 애정이 바로 그 곳에 있음을 그는 너무나도 잘 알고 있기에.

"집 떠나면 개 고생"이라는 말과 같이 야구에서는 주자가 "Base"나 "Home Plate"에서 떨어져 있으면 수비수가 언제라도 공으로 태그를 해서 아웃 시킬 수 있는 불안정한(Unsafe)한 상황이 계속되며, "Base"에 찰거머리처럼 딱~ 달라 붙어 있거나 "Home Plate"에 공보다 먼저 도착해야만 안전(Safe)하다. 또한 수비를 완전히 무력화 시키며 저 멀리 펜스 위로 **훨훨~** 넘어가는 홈런은 타자와 주자에게 홈으로의 안전한 귀환(Safe Return to Home)을 보장하는 야구에서만 볼 수 있는 묘미가 아니던가. 다음 장의 주제는 "Safe"와 "Out"이다.

제5장. Safe vs. Out, "안전"의 반대말이 "바깥"?

[에피소드 1. 1994년 10월3일, 광주 무등 경기장]

"아, 9회말 공격 때 2루 주자가 무리한 도루 시도만 하지 않았어도 'H팀'이 이길 수 있었는데..."

TV를 통해 프로야구 준플레이오프를 지켜보던 정혁은 안타까운 마음에 혀를 찼지만, 승부는 이미 기울어진 후였다. 1차전을 이렇게 맥없이 져버리면 2차전도 쉽게 내 줄 가능성이 많은데. 자신이 응원하던 "H팀"이 패하자 아쉬운 마음에 정혁은 3루에서 횡사한 "L선수"를 책망하고 있었다. 그런데 바로 그 순간, 주심의 결정적인 오심이 갑자기 머리 속에 떠오르며 그는 모든 원망의 화살을 주심에게로 돌렸으니...느린 화면으로는 분명히 "L선수"의 손이 먼저 3루 베이스를 찍었건만 심판은 "야, 임마! 이런 상황에서 무슨 도루를 하냐...이런 야구의 기본도 모르는 놈!"이라는 표정으로 3루수의 태그가 더 빨랐다며 아웃을 선언한 것이었다.

정혁이 보기에도 "원 아웃 1, 2루 찬스"에서 (그것도 9회말 동점 상황!) 2루 주자가 3루 단독 스틸을 하는 것은 조금 무리였지만, 진정한 게임 체인저(Game Changer, 시장 또는 스포츠 경기의 흐름을 통째로 바꾸거나 판도를 뒤집어 놓을 만한 결정적 역할을 한 사람, 사건, 서비스, 제품 등)가 될 수도 있는 어찌 보면 매우 적극적이고도 대담한 시도였는데, 심판의 어이없는 오심 하나로 모두 허사가 되어 버린 것이었다.

게다가 그 이후의 상황은 더더욱 골(?) 때렸으니...2루 주자가 3루에서 아웃 된 후 두 명의 타자가 연속해서 공에 맞아 출루 하는 바람에 "9회말 투 아웃, 주자 만루" 상황이 되어 버린 것이었다. 역사에서와 마찬가지로 야구 경기에서의 가정(假定)이란 참으로 쓸데 없는 "뒷북치기"에 지나지 않지만, 만일 2루 주자가 도루 시도를 하지 않고 가만히 있었다면 그냥 1점을 공짜로 줏어서 게임이 그대로 종료되는 상황이었다. 하지만 2루 주자는 진작에 아웃되어 버렸고, 투 아웃 만루 상황에서 들어선 대타(Pinch Hitter)는 "투 스트라이크 쓰리 볼"에서 방망이도 제대로 휘둘러 보지 못하고 "루킹 삼진"으로 힘없이 물러나 버렸다. 진이 쫙~ 빠져버린 H팀의 투수는 10회초 수비에서 연거푸 안타를 맞고는 점수를 허용했고, 결국 H팀은 맥없이 지고 말았다.

2차전에서 H팀은 정혁의 예상대로 경기 초반부터 상대 팀한테 질질 끌려 다니더니 "이빨 빠진 호랑이"처럼 별다른 힘도 써보지 못하고 허무하게 연패를 해버렸고, 전년도 우승팀의 위용은 간데없이 준플레이오프에서 그만 탈락하고 말았다. 바로 그 때, 1차전 9회 말에 벌어진 심판의 결정적인 오심이 정혁의 뇌리를 또 다시 스쳐갔으니, 그는 이미 다 끝나버린 일이라고 허탈해 하면서도 내심 말도 안되는 상상을 해본다.

"심판의 아웃-세이프 판정 하나로 승패가 엇갈릴 수도 있는 절체절명의 상황에서는 비디오 판독으로 판정을 내릴 수 있다면 얼마나 좋을까. 느린 화면으로 다시 확인해 봤다면 심판은 물론 아무리 야구에 대해서 문외한인 사람도 주자가 3루 베이스에 먼저 닿았다고 판정했을 텐데…"

[에피소드 2. 2018년 6월2일, 창원 야구장]

"처음에 내린 판정을 뒤집으려면 확실한 뭔가가 있어야 되는데...대체 뭘 보고 판정을 뒤집어 버린거지?"

오늘은 전통의 명문 구단 "S팀"과 신흥 강호 "N팀"과의 진검 승부가 펼쳐지는 토요일, "S팀"이 3대2로 앞선 5회말 투아웃 3루 상황에서 "S팀"의 떠오르는 신예이자 발도 빠른 "K선수"가 좌타석에 등장했다. 그는 3루 주자를 홈으로 불러 들이기 위해 힘차게 배트를 돌렸건만 아쉽게도 2루수 앞으로 때굴때굴 굴러가는 땅볼, 조금 아슬아슬하기는 했지만 결국 아웃되어 점수를 내지 못한 채 그대로 이닝이 종료되었다. 하지만 바로 그때, "K 선수"는 비디오 판독을 요청했고, 3분에 가까운 비디오 판독 결과 심판진이 판정을 세이프로 번복하는 바람에 점수는 4대2로 벌어지고 말았다. 하지만 느린 화면이나 정지 화면으로 봐서는 명백한 아웃이었고, 그 경기의 해설자는 "카메라 위치에 따라서 판정이 달라질 수도 있지만 이번 판정은 참으로 애매하네요..."라며 말 끝을 흐렸다.

TV를 통해 이 모든 광경을 지켜보던 정혁의 머리 속에는 24년 전의 오래된 기억 하나가 되살아 났으니, 당시 심판의 명백한 오심으로 자신이 응원하던 팀의 패배를 지켜볼 수 밖에 없었던 그는 판정의 정확성과 공정성을 높이기 위해서 "비디오 판독"이라는 것이 있으면 좋겠다고 바랬건만, 이번엔 오히려 그 비디오 판독 때문에 오심이 나온 것이었다.

"아니, 저런 엉터리 판정을 내릴 거면 뭐 하러 굳이 아까운 시간과 돈을 들여서 비디오 판독을 하는 거지? 그리고 야구를 전혀 모르는 사람도 느린 화면만 자세히 보면 공과 타자 중 누가 더 빨랐는지 쉽게 알 수 있으련만, 어떻게 심판이라는 작자가 저런 판정을 내릴 수 있을까? 그럴 리는 없지만 혹시...그러고 보니 오늘 스트라이크 – 볼 판정도 좀 이상한 것 같은데..."

아무리 눈을 씻고 봐도 자신의 눈에는 확실한 아웃으로 보이는지라 정혁의 마음 속에서는 슬~슬~ 심판이 모종의 대가를 받고 특정 팀을 봐주는 게 아닌가 하는 의심이 피어 오르기 시작했다. 에이, 아무리 그래도 그렇지, 지금 시대가 어떤 시댄데 그렇게까지야 하겠어. 절대 그럴리 없을 거라고 고개를 세차게 저어 보지만, 한 번 생겨난 의심은 쉬 사라지지 않았다. 아, 야구라는 스포츠에는 뭔 놈의 판정 시비가 이리 많고 또 심판의 자질에 대한 비난은 그칠 줄을 모르니... 이제는 정말로 야구계를 영영(?) 떠나야 될 때가 된 건가... 근데 퇴근하고 집에 오면 별달리 할 일도 없는 데다가 딴 걸 좀 해볼라고 해도 나도 모르게 자꾸 야구를 보고 있으니... 으이그, 이 놈의 야구 본다고 쌀이 나오나 밥이 나오나, 저 놈의 야구가 대체 뭐길래...

　야구를 좋아하는 사람이라면 누구나 궁금하게 생각했던 적이 한번쯤은 있을 것이다. 투수가 타자에게 스트라이크 세 개를 던지거나 주자가 공보다 베이스에 늦게 도착했을 때, 또는 베이스에서 발이 떨어진 주자를 (공으로) 태그 하거나 타자가 친 공을 수비수가 (바운드 되지 않고) 직접 잡은 것을 왜 "Out"이라고 부르는지 말이다. 그런데 그보다 더 난감한 것은 우리는 보통 "Out"의 반대말을 "In"이라고 알고 있건만 야구에서만은 "Out"의 반대말이 "Safe"라는 거다.

그럼 야구에서 "타자나 주자가 죽은 것"을 대체 왜 "Out"이라고 부르는 지부터 먼저 알아보기로 하자. 이 책의 앞부분에서 설명 했듯이 투수가 던진 공이 너무 높고 낮거나 혹은 좌우로 심하게 쏠려 타자가 치기 어려운 것을 "Ball"이라 부르며, 이는 본래 "High Ball" 또는 "Low Ball"이라 지칭하던 것이 줄어들어 "Ball"이 된 것이라고 했다. 이와 유사하게 "Out" 역시 본래는 "Putout" 이었는데, 앞의 "Put"은 어디론가 슬그머니 사라져 버리고 "Out"만 남았다고 한다. 명사인 이 "Putout"은 동사 "Put out"에서 유래한 것인데, 우리에게 가장 친숙한 "Put out"의 뜻은 "불을 끄다(=Extinguish)"이지만 그 외에 "(손을) 내밀다", "생산하다"라는 뜻도 있으며, 야구에서의 "Out"과 매우 밀접한 연관성이 있는 "내쫓다, 해고하다 (=Dismiss)"라는 의미도 동시에 가지고 있다.

이 "Dismiss"라는 단어의 뜻을 (미국) 군대를 예로 들어 설명해보면, 심사관 앞에서 "Field Manual(야전 교범)"에 대한 "Oral Test(구두 테스트)"를 받는다고 할 때 질문에 대한 대답을 다 마친 군인에게 심사관이 "You're dismissed"라고 한다면, 이는 쉽게 얘기해서 "You can go (끝났으니까 이만 가봐)" 정도가 될 것이다. 즉, 이는 곧 "볼 장 다 봤으니(?) 심사를 받는 이 곳에서 즉시 꺼져(!)" 라는 표현의 완곡 어법으로서, "너의 임무는 이제 다 끝났으니 지금 당장 다른 공간으로 이동하라"는 강한 명령의 뜻을 내포하고 있다. 따라서 이와 동일한 뜻을 가진 동사 "Put out"의 명사형인 "Putout"은 곧 "축출, 내쫓김, (타의에 의한) 이동"의 뜻으로서, 야구에서는 "야, 주자 (또는 타자), 너 지금 죽었으니까 당장 모든 플레이를 멈추고 그라운드 밖으로 나가서 너희 덕아웃(Dugout)에 죽치고~ 앉아 있다가 다음에 니가 타격할 차례가 되면 방망이 들고 다시 나와"라는 아주 길고도 긴 ~ 의미를 담고 있으며 (사전적으로는 "A putout removes the player from offensive play until his next turn at bat"의 뜻이라고 한다),

이 "Putout"이 줄어들어 "Out"으로 굳어진 것이라 한다.

그렇다면 야구에서 "Out"과 정반대의 뜻을 가진 "Safe" 는 어디서 유래 했을까. 유감스럽게도 이에 대한 구체적인 설명은 그 어디에서도 찾을 수 없었기에 "Safe"가 가진 본래의 뜻을 기반으로 유추해 볼 수 밖에. 우리에게 가장 잘 알려진 "Safe"의 뜻은 바로 "안전한~"인데, 도대체 뭐가 그리 안전하다는 것일까? 이에 대한 해답은 야구 시합이 펼쳐지고 있는 경기장에서 쉽게 찾을 수 있으니, "불타는 그라운드"라고도 불리는 이 야구장은 누가 지배하는가? 그렇다. 투수와 포수, 내야수, 그리고 외야수 등 총 9명으로 이루어진 수비(하는) 팀이 지배한다. 공격(하는) 팀은 타석에 있는 타자는 물론이고 모든 베이스를 주자로 꽉꽉 채워도 4명에 불과한 반면, 수비팀은 그의 2배가 넘는 9명으로서 일단 그 쪽수(?)로서 절대적인 우위를 점한다. 또한 수비팀은 뛰어오는 주자의 진로를 방해하지 않는 한 날아오거나 혹은 굴러오는 공을 잡기 위해서 야구장의 그 어디라도 자유롭게 뛰어다닐 수 있지만 공격팀의 선수는 반드시 "쓰리 피트 라인 (Three feet Line, 주루시 주자가 지켜야 할 가상의 선)"을 따라서 뛰어야 한다 (이 선을 벗어나면 곧바로 아웃!). 게다가 수비팀은 타자가 방망이를 휘두르는 스피드나 주자의 달리는 속도를 완전히 무력화 시킬 수 있는 허리케인만큼이나 빠른 "공"이라는 무기 하나로 주자를 경기장에서 내쫓으려고 안간힘을 쓴다.

그러나 "중원의 지배자"인 수비수들이 그라운드에 침입 한 공격팀의 졸개(!)들을 어찌할래야 어찌 할 수가 없는 경우가 있으니, 그것이 바로 주자가 공보다 먼저 베이스에 도착하거나 혹은 주자가 자신의 몸을 베이스에 직접 밀착 시키고 있을 때다. 이러한 상황에서는 수비수가 가진 가장 강력한 무기인 "공"으로 아무리 주자를 찔러도 (즉, 태그 해도) 주자는 아웃(Out) 되지 않고 무사하며(Safe), 그라운 드 안에서 계속해서 플레이를 할 수 있다. 따라서 야구장 안에 존재하는 4개의 베이스는 수비팀이 지배하고 있는 지역 안에 위치한 공격팀의 영토라 할 수 있으며, 공격팀 선수들은 자신들의 영토에서 발을 떼지 않는 한 안전(Safe) 하다 (4번째 베이스인 홈 플레이트는 계속 밟고 있을 필 요 없이 딱! 한번만 공보다 먼저 터치하면 된다. 그렇게 하면 자기 팀 점수가 1점 올라가는 동시에 주자는 자신의 고향인 덕아웃으로 돌아가 편하게 휴식을 취할 수 있다).

바로 여기서 우리 머리 속에 떠오르는 영어 단어가 있

으니, 그것이 바로 "Enclave" 되시겠다. 이 단어의 뜻은 "외국 영토에 둘러싸여 있는 우리 영토"로서, 일례로 1990년 독일이 통일하기 이전의 서베를린을 머리 속에 떠올리면 되겠다. 베를린이라는 도시는 위치 상으로는 동독 안에 있었지만 도시의 반쪽인 서베를린은 서독의 영토 (공식적으로는 미국·영국·프랑스가 점령)였으며, 이와 마찬가지로 야구에서 4개 베이스는 모두 수비팀이 점령한 그라운드 안에 있지만 사람 하나가 올라 설 수 있을까 말까 한 그 좁디 좁은 공간은 모두 공격팀의 소유로서, 그들은 그 곳에서는 언제나 안전(Safe) 하다 (물론 공이나 수비수의 태그보다 먼저 베이스로 귀루해야 한다는 전제조건이 있기는 하다).

또 다른 "Safe"의 유래는 바로 "Safe Zone(안전 지대)"이라는 단어에서 "Zone"이 사라지며 "Safe"가 되었다는 것이다. "Safe Zone"이란 본래 "승객과 보행자의 안전을 위해 차량 진입을 금지하는 곳"으로, 전혀 예상치 못한 돌발 상황이 벌어지지 않는 한 승객과 보행자는 그 안에서 항상 안전하다. 이와 마찬가지로 주자 역시 베이스에 머무르고 있는 한 수비수가 아무리 공으로 태그를 해도, 또 타자가 때린 공에 직접 맞아도 절대 아웃 되지 않는다. 따라서 도로에 있는 "Safe Zone"이 차량의 진입을 통제하는 역할을 한다면 야구에서의 베이스는 주자를 아웃 시킬 수 있는 수비수의 권한을 완전히 무력화 시키는 곳으로서, 주자는 그 곳에서 항상 "안전(Safe)"하다.

이 책을 읽는 독자들 중에는 분명 필자가 설명한 "Safe"의 야구와 관련된 유래를 쉽게 납득 할 수 없는 분도 계실 것이다. 하지만 언뜻 이 "Safe"를 대체 할 수 있을 듯이 보이는 몇몇 단어들을 자세히 살펴보면 "Safe"만큼 "Out"의 정반대 뜻에 잘 부합하는 단어도 별로 없다는 것을 알게 된다. 먼저 영어에서 일반적으로 "Out"의 반대말로 쓰이는 "In". 그 뜻은 우리가 잘 알고 있듯이 "~의 안에"인데, 공보다 먼저 베이스에 도착해서 살아남은 주자가 베이스를 찢고(!) 그 내부에 들어가 있는 것도 아닌데 "In!"이라고 큰소리로 외치는 것은 누가 들어도 참으로 어색하다. 주자는 대부분 베이스에 발을 올리고 서있기에 "In!" 대신 "On!"이라고 하는 것이 의미상으로는 더 가까울 것 같지만, 홈 플레이트의 경우 그 위에 주자가 계속 머무르는 것이 아니라 한 번 터치하고는 바로 덕 아웃으로 들어가 버리기에 "On!"이라고 하는 것도 좀 이상하다.

게다가 "In"이나 "On"은 1음절 단어이기에 심판과 멀리 떨어져 있는 관중은 말할 것도 없고 바로 옆의 야수와 주자 역시 제대로 듣지 못할 가능성이 있다. 이와는 대조적으로 "Safe"는 2음절인데다가 발음이 강한 "F"라는 파열음으로 끝나기에 알아듣기가 상대적으로 쉽다. 그래도 "Safe"가 마음에 안든다면 이 말을 대체하기에 적합한 영어 단어를 추천해 주기 바란다.

야구 용어로 사용되는 "Out"과 "Safe"의 유래에 대한 설명은 여기까지 하기로 하고, 이제 "Out"과 "Safe"가 갖고 있는 다양한 뜻에 대해서 알아보도록 하자. 이 중 "Safe"는 우리가 잘 알고 있는 "안전한"이라는 뜻 외에 이 의미에서 연상되는 "금고"를 뜻하기도 한다. 이 "Safe"가 들어간 표현 중에 "Safe House"라는 말이 있는데, 국내 언론에서조차 이따금씩 이 단어의 뜻을 "안전 가옥"이라고 번역할 때가 있지만 이 "Safe House"는 대부분 범죄자나 스파이 등이 숨어 있는 비밀스러운 장소를 의미하기에 "안전 가옥"이라는 점잖은 표현보다는 "은신처"라는 다소 부정적인 어구가 더 적합할 것 같다. 두세 가지의 단출한 (?) 의미를 가진 "Safe"를 뒤로 하고, 자기 스스로 많은 뜻을 가지고 있는 것은 아니지만 주로 동사들에게 새로운 의미를 부여하는 역할을 하는 "Out"에 대해서 알아보자.

우리에게 가장 잘 알려진 "Out"의 뜻은 "밖으로 나가 (장소나 사물의 안에서 멀어져 밖으로 나감)"인데, 야구에서의 의미는 "타자가 스트라이크 세 개를 먹거나 주자가 공보다 늦게 베이스에 도착했을 때 그라운드의 **밖으로 나가서** 대기하다가 자신의 타순이 오면 다시 타석에 들어오는 것"인데 반해 축구에서의 "Out"은 "Side-line Out" 또는 "Goal-line Out"과 같이 "공이 경기장 **밖으로 나간 것**'을 의미한다 (축구에서의 "Out"과 야구에서의 "Foul"은 그 의미가 모두 "공이 경기장 밖으로 나간 것"이며, 이에 대해서는 이 책의 뒷부분에서 상세히 설명하겠음). 이외에도 "Out"에는 "~으로부터 (대부분 out of의 형태로 사용, ~drink water out of bottle~)", "~이 없는 (이 또한 대부분 out of의 형태로 사용, ~ run out of milk~)", "크게 (대부분 call/cry/shout와 함께 사용, ~ call out her name~)" 등의 뜻이 있다.

또한 "Out"은 위에서 언급한 것과 같이 동사의 뒤에 붙어서 그 동사에 새로운 뜻을 부여해 주는 기능을 하기도 하는데, 그 대표적인 예로 영화나 미드에 많이 나오는

117

"Work Out"과 "Ask Out", 최근 들어 국내에서도 많이 들리는 "Come(Coming) Out" 등이 있다. 먼저 "Work Out"은 전설적인 영국의 락그룹인 "The Beatles"의 수많은 명곡 중 하나인 "We can work it out"에서 볼 수 있듯이 "(문제를) 해결하다"라는 뜻을 가지고 있고, 또 "(규칙적으로) 운동하다"라는 의미도 있다. 최근 필자가 본 한 미드에서 엘리베이터에서 우연히 만난 두 여자가 대화를 나누는 장면이 있었는데, 한 명이 "Do you work out tonight?"이라고 묻자 다른 이가 "Yes, I work out"이라고 답했다. 필자가 파악한 그들이 나눈 대화의 정확한 뜻은 "너 오늘 밤에 운동하니?", "응, 나 항상 운동 해"이건만, 자막에는 "너 오늘 밤 근무하니?", "응, 나 (집이 아닌) 밖에서 일해"였으니! 만의 하나 그 자막이 올바른 번역일지도 모르지만 그 둘은 모두 "Fitness Center(헬스클럽)"로 향하는 듯 레깅스와 운동복 차림이었다! 만약 "Work Out"이 "밖에서 일하다"라는 뜻이라면 1999년에 만들어진 영화 "American Beauty"에 등장하는 명대사인 "If he just worked out a little, he'd be hot (운동 좀 하면 그는 정말 매력이 철철 넘칠 것 같아)"은 "밖에서 조금만 더 일하면 그는 정말 더워질 것 같아"인가? 아무리 외화 번역가들이 실제로 영화를 보면서 작업하는 것이 아니라 스크립트를 읽으면서 한다지만, 저렇게 아무런 생각없이 완전 엉터리로 번역해 놓다니! 제발 공부 좀 하시라!

그 다음으로 "Out"이 포함된 숙어로는 "Ask Out"이 있다. 이 역시 필자가 최근에 본 한 범죄 관련 미드에 등장했는데, 한 형사가 미모 절정의 여성 목격자에게 계속 추근덕 거리자 그녀가 더 이상 참지 못하고 "Are you asking me out?"이라고 한마디 한다. 이를 좀 점잖게 표현하면 "지금 나한테 데이트 하자는 거예요?" 또는 "지금 나랑 사귀자는 거예요?"지만 좀 심하게 말하면 "야, 짜샤, 그만 좀 추근덕 거릴래?"라는 뜻을 내포하고 있다고 볼 수 있다 [물론 질 나쁜 형사의 다음 대사는 "Yes, I am asking you out(그래, 우리 데이트 좀 하자고)"였다]. 이 표현은 본래 "Ask (someone) out on a date"인데 "on a date"는 사라지고 앞의 "Ask (someone) Out"만 남은 것이라 생각하면 되겠다.

그 외에 자주 사용되는 "Out"이 포함된 숙어로는 "Chill Out"과 "Hang Out" 등이 있는데, "Chill Out"은 "Relax" 또는 "Calm down"과 같은 뜻으로 "긴장을 풀고 휴식을 취하다"는 의미이며, 주로 윗 사람이 아랫 사람에게 (특히 헤어질 때) 사용한다. 이 말은 필자가 카투사로 입대해서 가장 처음으로 배운 표현 중의 하나였는데, 한 번 써먹어 보려고 단단히 벼르고 있다가 "Company First Sergeant (중대 선임 하사, 주로 상사가 담당)"과 헤어지면서 "Chill out!"이라고 했더니 그 분 표정이 매우 심하게 일그러지는 것을 보았다 (물론 그 후로는 절대 윗 사람에게 사용하지 않았다. 손 윗 사람에게는 "Have a nice day", 또는 "Good-bye" 정도가 무난할 듯 하다). 그 다음으로 "Hang out"은 "놀러 나가다, 싸돌아(?) 다니다"의 뜻으로, "I hope we can hang out when I come to Korea (내가 한국 가면 잘 한번 놀아보자)", "Hongdae is my favorite place to hang out (홍대는 놀기 좋은 곳이지)" 등과 같이 사용된다.

마지막으로 최근 한국에서도 자주 들을 수 있는 "Come(Coming) Out"에 대해 살펴보도록 하자. 이 표현은 본래 "Come(Coming) out of the closet"으로서 "벽장에서 나오다", "해방되다"의 뜻이었는데, 최근엔 성소수자인 게이, 레즈비언, 양성애자, 트랜스젠더 등이 스스로 자신의 "성 정체성"을 드러내는 것을 말한다. 반면 자신의 "성 정체성"이 자의가 아닌 타의에 의해서 폭로되는 것은

"Outing"이라고 하며, 본의 아니게 동성애자인 것이 폭로되어 "텔잇투더 비스(Tell it to the Bees)"라는 영화에서 볼 수 있듯이 여성의 경우에는 성폭행의 피해자가 되기도 했고, "휴 그랜트(Hugh Grant)"가 주연한 영화 "모리스(Maurice)"에서와 같이 남성의 경우 경찰의 함정 수사에 걸려 화학적 거세를 당하거나 정신병원에 갇히기도 했다 (물론 현재가 아니라 1950년대 이전의 얘기다). 소수자의 권리를 어느 정도 인정해 주는 오늘 날과는 달리 당시의 "성소수자"들에 대한 시선은 매우 곱지 않았음은 물론 그들의 "연애 행각"은 기존의 사회 가치를 붕괴시키는 일탈로도 여겨졌었는데, 현재는 이 대한민국에서도 "게이 퍼레이드(Gay Parade)"를 비롯한 "퀴어(Queer) 문화 축제"가 열리고 있으니 옳고 그름을 떠나 참으로 격세지감(隔世之感)을 느끼지 않을 수 없다.

오십 평생을 "Totally Straight(이성애자)"로 살아온 필자는 그분들을 십분 이해하고 싶은 마음도 있지만 100% 공감하는 것은 참으로 어려운 것 같고, 소수자의 권리도 폭넓게 보장하는 현재의 사회가 예전보다는 좀 더 공정(Fair)할지 모르겠지만 필자의 사고 방식이나 (에로스적인) 사랑이 향하는 방향과는 충돌하기에 그분들의 행동이 마치 규칙 위반(Foul)인 것처럼 느껴질 때도 있다 (이런 필자를 "꼰대"라 불러도 어쩔 수 없다). 다음 장에서는 야구 용어로서의 "Fair"와 "Foul"에 대해서 얘기하도록 하겠다.

제6장. Fair vs. Foul, 셰익스피어가

만든 야구 용어가 있다!

[에피소드 1. 뉴질랜드에서 날아온 사랑을 야구 때문에 떠나 보냈습니다...]

"자기야, 인제 나 스트라이크랑 볼은 알겠거든, 근데 왜 세이프의 반대가 아웃이야? 영어에서 세이프의 반대말은 '데인저러스(Dangerous)'잖아. 아니면 세이프의 또 다른 반대말인 '언세이프(Unsafe)'라고 부르면 안 되는 거야? 그리고 페어의 반대말은 왜 또 파울이야? 페어의 반대말은 그냥 '언페어(Unfair)'라고 하면 되지. 또 축구에서의 파울은 '반칙'인데 왜 야구에서는 공이 경기장 밖으로 나간 걸 파울이라고 해? 축구는 말할 것도 없고 농구나 테니스에서도 공이 밖으로 나간 건 다 '아웃'이라고 하는데... 아, 야구는 정말 너무 헷갈려. 축구랑 농구는 그냥 골대에다가 공만 넣으면 되는건데 야구는 왜 이리 복잡한 거야... 네모난 헝겊같이 생긴 베이스라는 건 세 개나 있는데다가... 홈에는 또 오각형처럼 생긴 하얀 접시를 뒤집어 놓고 있질 않나..."

회사 선배의 소개로 뉴질랜드 교포인 그녀를 만나게

된 정혁, 만나기 전까진 잘 될 수 있을까 반신반의(半信半疑)하기도 했지만 깜찍하고 귀여운 데다가 자신과 너무 잘 통해서 정말로 놀랄 정도였는데... 수많은 선물 공세와 뮤지컬 및 영화 관람, 100일 기념 이벤트 등을 통해 다정한 연인이 된 그들이었지만 만남을 이어 온지 어느덧 6개월이 다가오자 이젠 슬슬 권태기로 접어 들고 있었다. 그렇다고 당장 헤어지기는 아쉽고, 또 그렇다고 청혼하기에는 아직 너무 이른 것 같고...

이런 지지부진한 국면을 타개하기 위해 정혁은 잠실야구장에서 하는 "사랑의 프로포즈" 행사에 참가해 보기로 했는데, 5살에 뉴질랜드로 이민 가서 20년 가까이 살다가 직장 때문에 한국으로 온 그녀는 스포츠에 별다른 관심이 없음은 물론 야구의 "야"자는 커녕 "ㅇ(이응)"자도 모르는 것이 아닌가. 그래도 어쩌겠는가, 지난 6개월 동안 "꼼냥꼼냥" 쌓아온 정이 얼만데 야구 모른다고 구박 할 수도 없는 노릇이기에 정혁은 힘들긴 하지만 그녀에게 야구에 대한 모든 것을 하나부터 열까지 죄다 가르쳐 주기로 했다. 그녀 또한 자신을 위해 이런 저런 노력을 하는 정혁의 모습이 싫지는 않았는지, 야구에 대해 열심히 배워보기로 한 듯 했다.

하지만 이런 그들의 노력은 처음부터 거센 난관에 부딪히고 말았으니, 야구에 대해서는 1도 모르지만 잘 나가는 영어 강사인 그녀는 야구 용어 하나 하나에 대해 이것저것 따져 묻는 것을 넘어 "이 말은 이런 식으로 바꿔 보면 어떠냐, 이 말은 정말 말이 안 되는 것 같다"며 정혁을 난처하게 만드는 것이 아닌가. 또한 야구에서 가장 복잡한 규정 중의 하나인 "낫 아웃(Not Out, 투 스트라이크 이후에 추가로 스트라이크가 들어 왔지만 포수가 이 공을 놓칠 경우 타자는 아직 아웃 당하지 않은 상태로 1루로 뛸 수 있으며, 공보다 먼저 1루에 도착한 경우 공식 기록은 삼진이지만 아웃으로 선언되지 않아 진루권이 인정됨은 물론 정상적인 주루 플레이도 할 수 있다)"에 대해서 설명해주자 "아니 아웃이면 아웃이지 낫 아웃이라니, 무슨 이런 말도 안 되는 억지스런 룰 (Rule)이 다 있냐, 그럼 세이프의 반대말은 '낫 세이프(Not Safe)'나 '언세이프(Unsafe)', 그리고 페어의 반대말은 '낫 페어(Not Fair)'나

'언페어(Unfair)'라고 불러야 하는 것 아니냐"며 정혁을 마구 몰아 부치는 것이었다.

결국 한 사람은 이것저것 질문하느라, 또 다른 한 사람은 조목조목 설명해 주다 완전히 지쳐버린 어느 토요일 오후, 그 날은 그 정도까지만 하기로 하고 머리도 식힐 겸 함께 영화를 보러 갔건만 주말 오후라서 그런지 볼 만한 영화는 모두 매진이거나 최소한 한 시간 반 이상을 기다려야만 했고, 당장 볼 수 있는 영화는 운명의 장난인지 한국 야구의 전설인 선동렬과 최동원의 한 판 승부를 그린 "퍼펙트 게임"뿐이었으니... 1시간 이상 죽치고 앉아 기다리는 것도 그렇고 그냥 헤어지기도 아쉬워 집에 가서 쉬겠다는 그녀를 겨우 겨우 설득해서 영화를 같이 봤건만... 결국 그것이 그들의 마지막 인연이 되고 말았다... 전화번호부터 시작해서 그녀가 자신에게 준 선물까지, 그녀에 대한 모든 기억을 지우던 정혁은 속으로 계속해서 이렇게 되뇌고 있었다. "으이그... 그 놈의 야구가 대체 뭐길래..."

[Song : "Scarborough Fair", sung by Simon and Garfunkel]

Are you going to Scarborough Fair?

스카버러 시장에 가시나요?

Parsley, sage, rosemary and thyme,

파슬리, 세이지, 로즈마리, 그리고 싸임

Remember me to one who lives there,

그곳에 가면 그녀에게 안부 전해주오

For she once was a true love of mine.

한 때 나의 진정한 사랑이었던 그녀에게

Tell her to make me a cambric shirt,

나에게 줄 좋은 옷을 만들라고 얘기 해주세요

Without no seam nor fine needlework,

바늘 땀도 바느질 자국도 보이지 않을 정도로 좋은 옷을
말이에요

And then she'll be a true love of mine.

그래야만 내가 그녀를 다시 사랑할거라고 전해주세요

Tell her to wash it in yonder dry well,

그 옷을 말라버린 우물에서 깨끗하게 빨라고 말해주세요

Which never sprung water nor rain ever fell,

비록 그 우물에서는 단 한번도 물이 솟아나오거나 빗물이

떨어진 적이 없었지만 말이에요

And then she'll be a true love of mine.

그래야만 내가 그녀를 다시 사랑할거라고 전해주세요

Tell her to dry it on yonder thorn,

그 옷을 빨아서 저기 보이는 가시나무에 말리라고

말해주세요.

Which never bore blossom since Adam was born,

비록 단 한번도 꽃을 피운 적이 없는 가시나무이지만요

And then she'll be a true love of mine.

그래야만 내가 그녀를 다시 사랑할거라고 전해주세요

Ask her to do me this courtesy,

그렇게 나에게 잘해야만

And ask for a like favor from me,

나도 그녀에게 잘할 거라고요

And then she'll be a true love of mine.

그래야만 내가 그녀를 다시 사랑할거라고 전해주세요

　[후 략]

　1990년대 초반 필자가 용산 미군기지에서 카투사 헌병으로 근무할 때의 일이다. 아주 가끔씩 절도(Larceny)나 폭행 (폭행 시도는 "Assault", 실제 폭행은 "Battery"), 그리고 가정 폭력 ("Domestic Disturbance" 또는 "Domestic Violence") 등 중범죄가 발생하기도 했지만 기지 내에서 발생하는 사건은 신분증 분실(Lost Identification)이나 주차 위반(Illegal Parking)과 같이 상대적으로 경미한 사안이 대부분이었는데, 사건의 경중(輕重)을 떠나 신고자나 피해자 등 사건에 연루된 사람의 신상 명세(이름, 생년월일, 소속 부대, 계급, 보직, 주소 등등)를 반드시 "Form OO"라는 규정된 양식에 기입해야 했다. 우리나라야 국민의 절대 다수가 황인종이기에 주민등록증과 같은 공문서 상에도 인종(Race 또는 Ethnicity)을 표시할 필요가 없지만, 소위 "인종의 용광로"라 불리는 미국은 전세계를 통틀어 가장 대표적인 다인종(多人種) 국가이기에 그 "Form OO"에도 "White(Caucasian)/Black/Asian/Hispanic/Native American"과 같이 인종을 표시하는 란이 따로 있었다. 그런데 군대에 입대하기 전까지 황인종을 제외한 백인이나 흑인 등의 기타 인종은 거의 만나본 적이 없었던 필자에게 "인종" 보다 더 생소한 항목이 있었으니, 그것이 바로 "Complexion" 이었다.

그 사전적인 뜻은 "안색, 피부색(the natural appearance of the skin on a person's face, especially its color or quality)"인데, 이미 "Race" 항목에 "인종"을 표시했음에도 불구하고 그와 엇비슷한 "피부색"을 또 다시 기입해야 한다는 것이 잘 이해 되지 않았다. 그래서 당시 필자와 친하게 지내던 번즈 하사(Staff Sergeant Bourns)에게 이 "Complexion" 항목을 어떻게 작성해야 하는지 물었더니, 흑인인 그는 필자에게 "백인 중에서도 북유럽 출신같이 얼굴이 아주 하얀(Fair) 사람이 있는 반면 남부 이탈리아에서 온 사람들처럼 상대적으로 검은(Dark) 사람이 있고, 그건 흑인도 마찬가지야. 몇 년 전 'Flash Dance'라는 영화에서 주연을 맡은 '제니퍼 빌즈(Jennifer Beals)' 같이 얼굴이 하얀(Fair) 사람도 있지만 나같이 검은(Dark) 사람도 있다고. 그건 동양인도 그렇지 않아? 동양 사람 중에서도 한국 사람이나 일본 사람은 좀 하얗지만(Fair) 필리핀 사람들은 좀 검잖아(Dark)? 이제 'Complexion'을 어떻게 작성해야 되는지 알겠지?"라고 웃으며 대답하는 것이었다. 아, 그랬다, "Race"의 바로 다음 항목이었던 "Complexion"에는 "Fair" 또는 "Dark"라고 표시해야 하는 것이었다.

하지만 실제로 사건을 처리할 때 이 칸은 대부분 그냥 비워놓았는데, 사건에 연루된 당사자에게 "백인 (또는 흑인)인 당신의 얼굴 색깔은 하얀(Fair) 편입니까, 아니면 검은(Dark) 편입니까?"라고 물어보기도 참으로 난감했음은 물론 필자의 판단대로 "Fair"나 "Dark"이라고 썼다가 "내 얼굴 색은 흑인 중에서 검은 편인데 왜 니 맘대로 'Fair'라고 쓰느냐" 또는 "난 백인인데 왜 'Dark'라고 쓰느냐"는 등 불만을 제기하는 사람들이 적지 않았기 때문이었다. 결과적으로 필자는 이러한 과정을 거치며 한국인에게는 생소한 "Complexion"이라는 단어의 뜻에 대해 확실하게 알게 되었으며, 또한 그 때까지 "공정한, 공평한"이라고만 알고 있던 "Fair"라는 단어에 "(피부색이) 하얀"이라는 뜻도 있다는 것을 알게 되었다.

그에 더해 "Fair"에 또 어떤 뜻이 있는지 궁금해진 필자는 열심히 사전을 뒤져 보았는데, 아뿔싸, 이 "Fair"는 정말로 각양각생의 뜻을 가진 고약한(?) 단어였으니... 위에서 언급한 의미 외에도 "(수, 크기가) 상당한(~a fair number of people~), "(가능성이) 높은(~a fair chance of winning~), "(바람이) 순풍인(~with the first fair wind~)", "예쁜(~a fair maiden~)", "(날씨가) 맑은(~a fair and breezy day~)" 등의 형용사적인 뜻에 더해 명사로는 "박람회", "취업 설명회", "품평회", 그리고 이 장의 첫 부분에 소개한 "Simon & Garfunkel"의 노래 "Scarborough Fair"에서와 같이 "시장, 장터" 등 아주 다양한 의미를 가지고 있었다.

그리고 "Fair"에는 야구에 조금이라도 관심이 있는 사람이라면 당연히 알고 있을 "페어(볼)"이라는 뜻도 있는데, 이는 "타자가 친 공이 파울 지역이 아닌 (파울 라인 안 쪽의) 그라운드에 들어오거나 떨어진"이라는 뜻이다. 만일 타구가 "페어(볼)"로 선언되면 타자를 포함한 모든 주자들은 정상적인 주루 플레이를 할 수 있다 (즉, 공격 뿐 아니라 수비를 포함한 모든 플레이가 정상적으로 진행되는 "In Play" 상태). "Fair"의 반대는 "Foul(파울)"이며, 타자가 친 공이 파울 일 경우 타자는 타석으로 돌아가서 다시 타격을 해야 되고, 만일 누상에 주자가 있었다면 그들 역시 본래 자신들이 있던 베이스로 되돌아가야 한다 (영어로는 "Out of Play" 상태이며, 이를 쉽게 표현하면 "No Play" 또는 "헛고생" 정도가 될 듯하다. 하지만 "페어"였으면 아웃 될 수도 있는 상황에서 파울이 선언되었다면 타자는 타격할 기회를 한 번 더 갖게 되므로 운이 좋다고도 할 수 있겠다).

그런데 무언가 좀 의아스럽지 않은가? 정혁이 떠나 보낸 뉴질랜드 교포 "그녀"의 말처럼 축구나 테니스, 그리고 농구와 골프에 이르기까지 공이 경기장 밖으로 나가버려 경기가 중단되는 상황을 "Out of play" 또는 "Out of bounds"라고 하거나 아니면 간단히 줄여서 "Out"이라고 하건만, 대체 왜 야구에서만은 축구나 농구에서 "반칙, 비신사적인 행위"를 의미하는 "Foul"을 "Out" 대신 사용하고 있는지 말이다.

그 이유를 이 책의 1장과 2장에 등장했다가 어디론가 홀연히 사라졌던 야구의 창시자(?) "John"과 "Paul"을 다시 모셔와서 알아보도록 하자.

"이봐, Paul, 우리가 지난 봄부터 하기 시작한 'Baseball' 말이야, 타자가 친 공이 어디로 날아가던 'Out of Play'가 없는 크리켓과는 다르게 축구에서의 'Sideline Out'과 같은 새로운 규칙을 적용해야 할 것 같아. 'Sideline'이

없으니 공을 세게 때려서 앞으로 쭉쭉 뻗어나가는 장타
를 칠 생각은 안하고 다들 얍삽하게(!) 살짝 비껴 맞춰
서 수비수가 없는 곳으로만 공을 보내려고 하네.
'Baseball'의 진정한 재미는 골프에서 쫙쫙~ 뻗어 나가
는 드라이버 샷과 같이 휠휠~ 날아가는 홈런 볼을 바
라보는 건데 말이야. 또 타구가 우리 땅이 아닌 '스쿠루
지 백작'이 소유한 땅 쪽으로 자꾸 날아가서 그 심술쟁
이 영감이 우리한테 역정을 내질 않나, 아, 그리고 지난
번엔 공이 양떼 사이로 들어가버려 공을 또 잃어버리지
않았나. 이래저래 'Sideline'을 정해 놓아야지, 이거 공
찾으러 다니느라 세월 다 가겠어...재미는 재미대로 없
고 말이야."

"음, 그래, John, 너도 그 생각했구나. 크리켓이야 하
루 종일 하는 일 없이 소일거리나 찾아 다니던 우리 귀
족 조상님들이나 할 스포츠지, 지금 같은 산업화 시대
에는 별로 어울리지 않아. 직물 공장 운영하느라 바쁜
우리들의 체력 관리를 위해서도 공 찾으러 다니는 시간
을 비롯한 경기 시간 단축은 필수지. 이 'Baseball'에도

축구의 'Sideline Out'같이 공이 경기장 밖으로 나가면 모든 플레이를 멈추는 규칙을 한 번 만들어 보자고"

"그래, Paul. 그런데 축구나 테니스 같이 공이 경기장 바깥으로 나간 걸 'Out'이라고 부르면 좋으련만, 이 'Baseball'에서는 이미 그 'Out'을 다른 의미로 사용하고 있으니 어떻게 해야 할까? 'Out of play'라고 해도 좋을 것 같긴 한데, 그럼 'Out'이랑 헷갈릴 것 같기도 하고 ...Paul, 언어 천재인 네가 한 번 좋은 의견을 제안해 보면 어떨까?"

"언어 천재라니, 너무 과찬의 말씀이야, John. 근데 요즘 내가 셰익스피어의 희곡 '맥베스(Macbeth)'에 푹~ 빠져 있는데, 거기에 이런 말이 나오더라고. 'Fair is foul and foul is fair. Hover through the fog and filthy air". 이 말인 즉 슨 '이 세상엔 좋은 것도 없고 나쁜 것도 없다. 더럽고 오염된 세상을 뚫고 앞으로 나가라'란 뜻이지. 세 명의 마녀가 전쟁에서 승리해 의기양양해진 맥베스에게 왕을 살해하고 직접 왕이 되라고 부추기는 말인데,

'Foul'에는 '더러운, 상스러운, 악독한' 등의 뜻도 있지만 여기서는 '날씨가 나쁘다'는 뜻이야. 폭풍우가 몰아치는 악천후 속에서는 많은 사람들이 죽을 수도 있고, 또 대부분의 사람들이 생업을 비롯한 모든 활동을 멈추게 되지. 그렇게 생각하면 이 'Foul'은 경기장에서 '모든 선수들이 플레이를 멈춘다'는 뜻인 'Out of play'와 비슷한 의미로 볼 수도 있을 것 같아. 그리고 마녀가 한 말 가운데서 'Fair'는 'Foul'의 반대말로 '날씨가 좋다'는 뜻인데, 날씨가 화창하면 어떤 일이 벌어지나. 그래, John, 바로 만물이 깨어나면서 많은 사람들이 생업에 부지런히 임하는 것은 물론 야외에서 운동을 하는 등 여러 가지 활동을 활발히 하게 되지. 따라서 이 말은 어떻게 보면 '경기장에서 모든 선수들이 계속해서 정상적으로 플레이를 한다'는 뜻인 'In play'라고도 볼 수 있을 것 같아. 어때, John, 셰익스피어 희곡의 한 부분을 띠어다가 'Baseball' 용어를 만들어 보는 것이?"

"오, Paul, 넌 정말로 진정한 언어 천재야. 너의 머리 어디에서 그런 생각이 솟아날까. 난 너의 의견에 100%

찬성이야. 아주 아주 오랜 후대의 사람들이 알기나 할
까? 우리가 이 "Foul'과 'Fair'를 셰익스피어의 희곡에서
떼어서 갖다 붙였다는 것을? 이 참에 나도 한마디 하고
싶네 그려. 'To hit or not to hit, that is the question'. 치
느냐 못 치느냐, 그것이 문제로다, 하하하하하하..."

이리하여 야구에서 "야, 타자 (혹은 주자)! 너 나가!"라
는 뜻으로 이미 사용되고 있던 "Out"을 대신하여 "Foul"이
"Out of play"라는 뜻을 갖게 되었고, 그 반대말인 "Fair"는
"In Play"를 의미하게 되었다는 거다. 믿거나 말거나... 한편
위의 "John"과 "Paul"의 대화에서도 알 수 있듯이 "Foul"이
가진 뜻은 대부분 부정적이지만, 페어였다면 바로 아웃 될
수도 있는 타구가 파울볼이 되면서 타자에게 한번의 공격
기회가 더 주어지기도 하고, 그와 반대로 만일 페어였다면
끝내기 안타가 되어 경기를 끝낼 수도 있는 타구가 단 한
뼘 차이로 파울이 되면서 수비팀에게 유리한 상황이 되기
도 한다. 어떠신가? "맥베스"에 등장하는 세 마녀가 외친
"Fair is foul and foul is fair", 즉 "좋은 것도 없고 나쁜 것
도 없다" 또는 "파울이 좋을 수도 있고 페어가 나쁠 수도

있다"라는 말이 실감나지 않는가? 여기서 인생사 새옹지마(人生事 塞翁之馬)라는 고사성어를 떠올리는 이는 필자뿐 일까?

게다가 관중석으로 날아드는 파울 볼은 공짜로 그냥 챙길 수도 있다. 생각해 보시라. 이 세상에 존재하는 그 어느 스포츠를 막론하고 내가 좋아하는, 아니 내가 미쳐 죽는 선수가 갖고 놀던(?) 공을 선물로 주는 스포츠가 또 어디에 있는지 말이다. 물론 아주 오래 전 물자가 귀할 때는 공 한 두 개로 시합을 했기에 관중이 공을 돌려주기 전까지는 경기가 잠시 중단되기도 했다지만, 필자가 야구를 보기 시작한 1970년대에도 이미 관중석으로 날아간 파울 볼은 죄다 관중들에게 기념품으로 줬다 (바로 이 부분에서 "Up for grabs", 즉 "잡는 사람이 임자"라는 숙어가 떠오른다).

여기서 잠깐 몇 년 전 작고한 미국 스탠드-업(Stand-Up) 코미디의 대가 "조지 칼린(George Carlin)"의 "야구 예찬론"을 들여다 보기로 하자. 그는 "야구가 미식축구(Football)보다 좋은 점이 뭐냐고? 야구는 '다이아몬드 모양의 공원(Ballpark)'에서 하지만 미식축구는 '살벌한 땅 따먹기 싸움이 벌어지는 전쟁터(Battlefield)'에서 하지. 야구는 만물이 소생하는 봄에 시작하지만 미식축구는 모든 것이 다 죽어가는 낙엽 지는 가을에 개막해. 야구에는 몇 시간이고 계속해서 하는 연장전이 있지만 미식축구는 '써든 데스 (Sudden Death, 한 팀이 점수를 올리면 바로 승부가 결정되며 끝나는 경기 방식)야. 야구는 비가 오면 경기를 취소하고 그냥 쉬면 되지만 미식축구는 비가 올 때는 물론이고 심지어 폭설이 와도 오들오들 떨면서 해야 돼. 마지막으로 야구는 우리 집(Home)으로만 가면 이길 수 있지만 미식축구는 폭탄(공)을 들고 사선(死線)을 넘어 적들이 우글우글한 고지를 점령해야만 승리할 수 있어..." 여기에 필자는 하나 더 덧붙이고 싶다. "야구장에서는 운만 좋으면 공짜 'Take-Out (테이크 아웃)'도 가지고 나올 수 있어! 이 말은 곧 네가 네 여자친구에게 영웅이 될 수도 있다는 뜻이야!" 아, 바로 이 부분에서 조금 아쉽다. 뉴질랜드에서 온 "그녀"에게 쓸데없는 야구 이론부터 가르쳐 주는 것이 아니라 무작정 야구장에 데려가 수단과 방법을 가리지 않고 파울 볼을 낚아채서는 그녀에게 선물로 줬어야 했다 (아님 마치 정의의 사도같이 옆에 앉은 꼬마에게...). 그랬다면 필자의 인생도 많이 바뀌었을지도...

자, 각설하고, 이제 결론이다. 위에서 언급한 것과 같이 비록 "Fair"는 대부분 좋은 뜻이고 그 반대인 "Foul"은 그 정반대 의미지만, 야구에서만큼은 때로 "Foul"이 더 좋을 수도 있다. 우리 팀이 지고 있는 가운데 맞이한 9회말 마지막 공격, 투 아웃 주자 만루의 기회에 운명의 장난처럼 볼카운트는 "투 스트라이크 쓰리 볼". 상대 팀 투수가 던진 회심의 1구를 타자가 가까스로 커트해 냈지만 아쉽게도 투수 앞으로 떼굴떼굴 굴러가는 땅볼. 투수는 여유있게 그 공을 잡아 1루에 던져 타자를 아웃 시켰고, 수비팀은 승리의 기쁨으로 환호했다. 하지만 바로 그 순간, 주심이 큰 소리로 "파울!"을 선언한다. 수비팀 감독이 주심에게 강하게 어필했지만 주심은 타구가 홈 플레이트에 맞고 그라운드 안으로 굴러 들어갔기에 요지부동 파울이 맞다며 경기를 속행시켰고, 비디오 판독 기회를 다 써버린 수비팀은 이에 승복할 수 밖에. 구사일생으로 살아난 타자는 안도의 한 숨을 몰아 쉬며 다시 한번 타석에 들어선다. 아무리 잘 치는 타자라도 안타를 칠 확률은 30%를 조금 넘을까 말까 한 것이 현실이지만 "혼자서 꾸는 꿈은 단지 꿈일 뿐이지만 모두가 함께 꾸는 꿈은 현실이 된다"는 징키스칸의 말처럼 경기장에 모인 5만명(!) 관중의 염원을 한데 모아 다시 타석에 들어선 타자가 어떤 결과를 가져올지는 아무도 모르는 것 아닌가. 따라서 우리 모두에게 승리 할 수 있다는 희망을 다시금 안겨 주는 파울은 때로 페어보다 위대하며, 투수의 무시무시한 강속구와 절체절명의 위급한 상황에 주눅들지 않고 배트를 힘차게 돌려 파울을 만들어낸 타자의 대범함은 그보다 훨씬 더 위대하다 할 것이다.

하지만 이런 용감한 타자와는 달리 "Fair is foul and foul is fair"라는 마녀들의 말을 따라 왕을 살해하고 스스로 왕위에 올랐건만 자신 또한 또 다른 반역의 무리들에게 죽임을 당할 것이라는 불안에 휩싸여 "Life's but a walking shadow, a poor player that struts and frets his hour upon the stage, and then is heard no more. It is a tale told by an idiot, full of sound and fury, signifying nothing (인생이란 단지 걸어 다니는 그림자, 무대 위에서 잘난 체하고 나대지만 언젠간 잊혀지는 불쌍한 연극 배우. 바보가 떠들어 대는 그 어떤 의미도 없는 소음과 분노로 가득 찬 X소리)"라고 울부짖던 맥베스는 결국 칼 한번 제대로 휘둘러 보지 못하고 자신이 살해한 왕의 신하들에 의해 죽음을 맞고 만다. 그의 비참한 최후는 마치 투수의 강속구에 얼이 빠져 배트 한 번 제대로 휘두르지 못하고 가만히 서서 "루킹 3구 삼진"을 당해 버린, 연봉 값을 하기는 커녕 경기장에서의 자신의 존재 가치마저 망각해 버린 "못난이 타자"를 떠올리게 한다. 이 책의 앞에서 언급한 것처럼 야구 심판의 스트라이크 – 볼 판정은 그 어떤 스포츠에서도 쉽게 찾아 볼 수 없을 정도로 자의적이면서도 주관적이기에 스트라이크와 조금이라도 비스무레한 공이 날아온다면 (특히 투 스트라이크를 이미 먹어 자칫하면 삼진 아웃을 당할 수 있는 상태라면) 파울이 되던 페어가 되던, 그것도 아니면 헛스윙을 하던지 간에 힘차게 방망이를 돌려야 한다. 즉, 방관자처럼 우두커니 가만히 서서 엿장수(?)의 손에 자신의 운명을 맡기지 말고 본인 스스로 운명을 결정하라는 것이다. 훗날 심판의 오심을 원망하면서 "아, 그 때 기다리지 말고 쳤어야 했는데"라며 뒷북이나 칠 것인가, 아니면 "I did it my way (난 내 뜻대로 했어)"라고 당당히 외칠 것인가? 정답은 단 하나, 바로 자신있게 "빠다"를 세차게 돌리는 것!

그럼에도 아직도 타석에서 칠까 말까 망설이는 우유부단한 타자가 있다면 필자는 그의 바로 뒤에서 그 누구의 주목도 받지 못한 채 묵묵히 자신이 해야 할 일만 하는 포수를 한 번 바라보라고 말해주고 싶다. 포수는 로마 시인 "호라티우스"의 "Carpe diem (현재를 잡아라)"이라는 말을 쫓아 지금 당장 자신에게 날아오는 공을 아무런 불만없이 잡아 내고 있지 않은가. 만일 그가 지금 자신에게 날아오는 공이 아닌 다음에 날아올 공에만 정신이 팔려있다면 어떤 일이 일어날까? 무서운 속도로 날아오는 강속구는 곧바로 그의 얼굴을 강타할 것이고, 참을 수 없는 고통에 휩싸인 그는 즉시 그라운드에 나동그라질 것이다. 기억하라. 우리가 지금 당장 집중해야 할 것은 어느 요절한 투수가 남긴 한 마디처럼 "무이일구(無二一球, 그 어떤 것도 아닌 바로 지금 날아오는 하나의 공)이라는 것을. 다음 장의 주제는 경기 내내 X싸는(?) 폼으로 쭈그리고 앉아 공을 잡는 "Catcher"이다.

제7장. Catcher vs. Pitcher,

"호밀밭의 파수꾼" 혹은 "호밀밭의 포수"

[First Catcher : "The Catcher in the Rye" written by J. D. Salinger]

~ *"Anyway, I keep picturing all these little kids playing some game in this big field of rye and all. Thousands of little kids, and nobody's around - nobody big, I mean - except me. And I'm standing on the edge of some crazy cliff. What I have to do, I have to catch everybody if they start to go over the cliff - I mean if they're running and they don't look where they're going I have to come out from somewhere and catch them. That's all I do all day. I'd just be the* **catcher** *in the rye and all. I know it's crazy, but that's the only thing I'd really like to be."* ~

"어쨌던 간에 말야, 항상 난 넓은 호밀 밭에서 아이들이 재미있게 뛰노는 모습을 상상하곤 해. 애들만 수만 명이고 어른은 나 혼자뿐 이야. 난 엄청 가파른 절벽의 끝에서 있어. 거기서 내가 하는 일은 말야, 애들이 절벽으로 떨어지려고 할 때 잽싸게 붙잡아 주는 거야. 애들은 지들이 어디로 뛰어 가고 있는지 전혀 모르니까. 그 때 내가 짜잔~하고 나타나서 걔들을 꽉~ 붙잡아 주는 거지. 하루 종일 그 일만 하는 거야. 말하자면 난 호밀 밭의 **수호자**가 되고 싶다고나 할까? 나도 알아, 그게 열라 정신 나간 짓 이란 걸. 하지만 내가 하고 싶은 건 그거 하나뿐 인 걸..."

[Second Catcher : 허영만의 만화 "흑기사"]

고등학교 야구팀의 포수인 "이강토"는 주전 포수인 "한동수"의 기량에 가려 항상 후보 신세다. 그 둘은 라이벌이 면서도 절친한 친구였지만, "이강토"는 자신보다 뛰어난 야구 실력은 물론 부유한 집안에 빼어난 외모까지 갖춘 "한동수"를 내심 시샘하면서 그의 여자 친구인 "홍수라"를 짝사랑하게 된다.

시합을 앞두고 모든 선수가 여관에서 합숙을 하던 어 느 날, 갑자기 발생한 화재로 여관은 화염에 휩싸이고 "이 강토"는 구사일생으로 옥상으로 대피한다. 하지만 미처 피 하지 못한 "한동수"는 "이강토"에게 옥상에 있는 밧줄을 던져 달라고 애원하지만 그는 주저주저하다가 혼자서만 구조되고, 그 다음 날 "한동수"의 시체로 추정되는 불탄 시체가 발견된다.

얼마 뒤 철가면을 쓴 정체불명의 남자가 나타나서는 자신이 "한동수"이며 화재로 인한 화상 때문에 철가면을 쓰고 있다고 주장한다. 그는 뛰어난 실력으로 여자 친구를 비롯한 모두에게 "한동수"로 인정받음과 동시에 팀의 주전 포수로 뛰게 되고, 졸업 후 "아파치팀"에 스카우트 되어 프로 야구에서도 맹활약 한다. 그러던 중 "오달중"이라는 선수가 나타나 철가면은 "한동수"가 아닌 "이강토"라고 폭로하고, 실제로 철가면을 쓰고 "한동수"인 척 하던 "이강토"는 죽은 줄 알았던 "한동수"가 처참한 화상을 입은 채로 살아있다는 것과 밧줄을 던져 주지 않은 자신에게 복수하기 위해서 "오달중"을 "아파치팀"에 입단시킨 것을 알게 된다. 그 후 깊은 슬럼프에 빠진 "이강토"를 대신해 주전 포수로 뛰게 된 "오달중"은 "한동수"의 옛 여자친구인 "홍수라"와도 사귀게 되고, 질투와 배신감에 치를 떨던 "한동수"는 "이강토"와 "오달중" 모두에 대한 복수를 맹세

하며 말 근육을 자신의 몸에 이식해 엄청난 힘을 갖게 된다.

괴력을 갖게 된 "한동수"는 "아파치팀"에 입단해 자신이 "진짜 한동수"임을 밝히는 동시에 "가짜 한동수" 행세를 해온 "이강토"가 예전 화재가 났을 때 자신을 죽이려고 일부러 밧줄을 던져주지 않았다고 폭로해서 "이강토"를 위기로 몰아 넣고 자신이 주전 포수 자리를 차지한다. 하지만 당시 여관 주인이 나타나 옥상에 밧줄 같은 건 애초에 없었다고 증언하면서 "이강토"는 극적으로 위기를 벗어나게 되고, 말 근육 이식의 부작용으로 건강이 급속히 악화된 "한동수"를 대신해 주전 포수로 맹활약하며 "아파치팀"을 우승으로 이끈다. 그 후 "이강토"는 자신을 사랑한다고 고백하는 "홍수라"를 무인도 백사장에 남겨두고는 홀로 먼 길을 떠난다.

어떤 이는 "파수꾼"이라 부르고, 또 다른 이는 "포수"라고 우긴다. 바로 "J.D. 셀린저"가 쓴 "The Catcher in the

Rye"에 나오는 "Catcher" 얘기다. 지금(2021년)으로부터 정확히 70년 전인 1951년에 첫 출간된 이 소설은 고등학교에서 퇴학 당한 주인공(Holden Caulfield, 홀든 커필드)의 3일 간에 걸친 방황을 그리고 있는데, 한 때 미국을 비롯한 선진국에서는 "좀 논다(?)" 하는 청소년들의 필독서로 꼽히기도 했으며, "Demian(데미안)"을 비롯한 성장 소설에 광적으로 열광하는 한국에서는 "책 좀 읽었다"고 자부하는 독서광들의 추천 도서 목록에 어김없이 등장하곤 했다.

지금이야 찌질 하면서도 쎈 척하고, 불만 투성이의 "투덜"이면서도 지고지순한 사랑을 꿈꾸는 질풍노도의 청소년을 주인공으로 한 웹소설이 차고 넘치지만, 인터넷이 없던 1990년대 이전만 해도 "Phony (거짓, 짜가)", "All that crap (이런 X같은 것들)", "That killed me (X짜증 나네)" 등의 불온한(?) 말들을 아무 거리낌없이 내뱉는 주인공은 참으로 드물었기에 소설 속 주인공인 "홀든 커필드(이하 홀든)"는 몇 십 년 동안 "기존 사회와 질서를 부정하는 반항의 아이콘"을 대표하기도 했다.

그 소설의 내용이야 둘째 치고라도 필자가 이 명작에 대해 참으로 안타깝게 생각하는 것은 바로 그 한글 제목인데, 정규 교육을 무려 20년(!) 가까이 받고 사회 생활 경력도 거의 30년이 다 되어가는 필자에게도 낯설기 짝이 없는 이 "파수꾼"이라는 단어가 제 아무리 1950년대라고 해도 학교에서 퇴학까지 당한 "불량(?) 청소년"의 입에서 툭~하고 튀어나왔다고는 상상하기 조차 하기 힘든 일이 아니던가? 그 고전적이면서도 투박한 어감에 더해 "경계하여 지키는 일을 하는 사람"이라는 "파수(把守)꾼"의 사전적인 의미도 이 책의 주인공이 얘기한 "Catcher"와는 전혀 맞지 않는다. 왜냐하면 사전 속의 "파수꾼"은 "적군 또는 맹수가 외부에서 내부로 침입하지 못하도록 지키고 싸우는 사람"인 반면, 홀든의 "Catcher"는 "호밀밭"이라는 내부(즉, 순수의 공간)에 있는 아이들이 외부 (거짓과 위선으로 가득 찬 더러운 세상)로 나가지 못하도록 그들을 안전한 곳에 가두어 보호하는 사람이기 때문이다. 즉, 파수꾼이 적의 움직임을 예의 주시하다가 조금이라도 수상한 조짐이 보이기라도 하면 동료 병사와 함께 적을 물리치는 임무를 가졌다면 "Catcher"는 호밀밭에서 뛰노는 아이들이 행여 절벽으로 떨어질까 노심초사(勞心焦思)하며 그들의 일거수일투족(一擧手一投足)을 살피는 동시에 그들이 위험에 처하기만 하면 바로 구해내는 "독고다이" 슈퍼맨인 것이다.

그렇다면 번역자는 대체 왜 아무리 좋게 봐주려고 해도 전혀 납득이 되지 않는 "파수꾼"이라는 정체 불명의 단어를 "Catcher"에 대한 번역으로 갖다 붙였을까. 필자가 추정하는 그 첫 번째 이유는 번역자가 1970년대 어느 유명 희곡 작가가 발표한 "파수꾼"이라는 작품을 의도적으로 참고하였거나 그 제목이 그의 머리 속에 무의식적으로 각인되어 있었기 때문이라는 것이다. "파수꾼"이라는 희곡은 이리떼가 마을로 몰려 오는 것을 감시하는 "진짜(?) 파수꾼"에 대한 이야기로 1970년대 말에 발표되었고 이 "호밀밭의 파수꾼"은 1985년에 처음으로 한국어로 번역되었는데, 번역자 역시 작품을 이끌어 나가는 주인공인 이 "Catcher"라는 단어를 어떻게 번역해야 될지 고민에 고민을 거듭했겠지만 사전에 나온 "Catcher"의 뜻이라 봐야 "잡는 사람 (잡긴 뭘 잡아?)" 또는 "(야구의) 포수"밖에 없었을 것이기에 결국 비슷한 일을 하는 듯이 보이는 "파수꾼"을 다룬 희곡의 제목을 갖다 붙였을 거라는 추정이 가능하다.

그 두 번째 이유는 이 번역자의 영어 및 한국어 실력이 별로 높은 수준이 아니기 때문이라는 것이다. 그에 대한 실례(實例)로 이 작품 속의 다른 구절에 대한 번역을 한 번 들여다 보자. "~ When I came around the side of the bed and sat down again, she turned her crazy face the other way. She was ostracizing the hell out of me. ~" 그는 번역서에 "내가 침대 가에 가서 앉자, 그녀는 얼굴을 반대편으로 돌렸다. 나를 탄핵하고 있는 것이다."라고 썼다. 아니, "탄핵(彈劾)"이란 말의 사전적인 뜻은 "죄상을 들어 책망하다"이고 우리는 흔히 "대통령과 같이 높은 위치에 있는 사람을 해임하거나 처벌하다"라는 의미로 사용하건만, "그녀 (주인공인 홀든의 여동생인 피비)"는 어린 아이인데 고등학교 퇴학생인 오빠를 "탄핵"하다니 이게 무슨 국적 불명의 해괴 망측한 표현이란 말인가!

그리고 우리는 잘 알고 있지 않은가, "탄핵하다"라는 뜻의 영어 단어는 "Impeach"라는 것을! 이 소설의 주인공이 "문제 청소년"이라는 사실을 염두에 두고 필자가 이 구절을 번역 한다면 "내가 다시 침대 한 쪽 구석으로 가서 앉자 걔는 얼굴을 찡그리는 것도 모자라 몸을 확~하고 반대편으로 돌려버렸다. 걘 완전 나를 개무시하고 있었다~"라고 할 것이다. 이 책이 처음으로 번역된 1985년에도 당연히 영어 사전이 있었을 텐데, 사전 한 번 찾아보기가 뭐 그리 힘들었는지 "외면하다, 배척하다, 추방하다"라는 뜻을 가진 "Ostracize"라는 단어를 완전히 제멋대로 해석해 놓았다. 너무나 유감스럽게도 이 번역자는 영어와 한국어 실력이 모자란 것에 더해 자신의 부족한 능력을 보완하기 위한 노력마저 전혀 하지 않았다고 할 수 있겠다. 하나를 보면 열을 안다고, 이 번역자가 대체 어떠한 이유로 "Catcher"를 "파수꾼"으로 해석했는지 (이건 번역이 아니라 그냥 "단순 해석"이라고 해야 옳다) 명확하지 않은가?

참으로 안타까운 사실 하나는 몇 년 전 개봉되어 평

단과 관객 모두의 호평을 받은 "파수꾼"이라는 영화의 제목도 이 "호밀밭의 파수꾼"에서 따온 것이라는 것인데, "머리가 우둔하면 삼대(三代)가 고생한다"더니, 엉터리 번역 하나가 앞으로도 계속해서 우리 후손들을 괴롭힐 것을 상상하니 마음이 심란하기 그지 없다.

반면 앞에서도 간단히 언급했듯이 이 "Catcher"를 "파수꾼"이 아닌 "(야구의) 포수"라고 주장 하는 사람들도 있는데, 그들은 그 근거로 "홀든"이 백혈병에 걸려 죽은 자신의 동생 "앨리(Allie)"의 "야구 미트(Left-handed Fielder's Mitt)"를 소중하게 간직한다는 점과 그가 "붉은색 사냥 모자(Red Hunting Hat)"를 야구의 포수와 같이 뒤집어 쓴다는 점을 든다. 하지만 필자가 보기에 이는 "꿈보다 좋아도 너무 좋은 해몽"일 뿐이며, 야구에서 "Fielder"란 보통 투수와 포수를 제외한 수비수(내야수와 외야수)를 의미하기에 "홀든"이 소중하게 간직하는 "왼손잡이용 야구 미트(포수나 1루수가 사용하는 글러브는 'Mitt'라고 부르며, 다른 야수들보다 공을 받는 횟수가 훨씬 많기에 공을 잘 잡을 수 있고 또 공이 흘러내리는 것을 방지하기 위해서 그 크기가 일반 글러브보다 크다)"는 "포수용 미트"가 아니라 "1루수용 미트"이다. 또한 그들은 홀든이 "붉은 색 사냥 모자"를 야구의 포수와 같이 뒤집어 쓴다는 것을 들어 이 "Catcher"가 포수라고 주장하지만, 그가 모자를 뒤집어 쓰는 것은 거짓과 탐욕으로 가득 찬 기존 사회에 대한 반항의 상징일 뿐 특별히 야구의 포수 흉내를 내려고 하는 것으로 보이지는 않는다. 마지막으로 야구 경기에서 포수가 하는 일과 소설 속의 홀든이 하는 일은 서로 큰 차이가 있는데, 경기장에서 포수가 하는 가장 중요한 일이 투수가 던진 공을 수동적으로 받는 것(Catch)이라면, 홀든이 하는 일은 뛰어 노는 것에만 정신이 팔려 자칫하면 절벽에서 떨어 질 수도 있는 아이들을 붙잡아 주는(Catch) 매우 능동적인 행동이기에 그 둘은 성격이 판이하다고 할 수 있겠다.

그렇다면 이 책을 읽는 독자들 중 몇몇은 필자에게 "야, 넌 뭐 그리 잘 났다고 남들이 골치 썩어가며 번역해놓은 걸 갖고 비난이나 해대냐? 그래서 넌 이 'Catcher'를 뭐라고 번역할 건데?"라고 물을 수도 있을 것이다. 그에 대한 필자의 대답은 위의 번역문에도 쓴 것 같이 "(호밀밭의) 보호자 (또는 수호자)"라는 것이다. 물론 필자의 번역이 100% 맞다고 할 수는 없겠지만, 외부로부터 침입하는 적을 무찌르는 것이 아니라 "순수의 공간" 안에서 뛰노는 아이들이 바깥으로 나가는 것을 지키고 구출하는 것이 "Catcher"의 주요 임무이므로 그에 대한 올바른 번역은 "보호자" 또는 "수호자"가 되어야 한다는 것이 필자의 생각이다.

자, 그럼 "호밀밭"이라는 "순수의 공간"에서 열심히 어린이들을 보호하는 "Catcher"에 대한 얘기는 여기까지만 하기로 하고, 이제부터는 실제 야구 시합에서 "Catcher"가 어떤 일을 하는 지 알아보도록 하자.

포수는 제일 첫 번째로 투수가 던진 공을 받는 역할을 한다. 야구는 본래 투수가 공을 던지면서부터 시작되기에 투구를 받는 일은 야구의 기본이면서 또한 포수의 가장 기본적인 임무라고 할 수 있을 것이다. 하지만 "포수 예찬론자"들은 이렇게 반박할지도 모른다. "어떻게 야구가 투수가 공을 던지면서부터 시작됩니까? 무신 동네 야구도 아니고 말이야. 야구는 포수가 투수에게 싸인을 내면서부터 시작되지요!"라고 말이다. 이러한 주장 역시 일리가 있는 것이 투수의 구위가 아무리 좋더라도 어떤 구질의 공이 날아올지 타자가 이미 예측하고 있다면, 또는 타자가 잘 치는 코스로만 투수가 공을 던진다면 그 투수는 단 1회도 넘기지 못하고, 아니 단 하나의 아웃카운트도 잡지 못한 채 바로 강판 당할 수도 있을 것이다. 그렇다면 타자와의 승부에서 승리하기 위해 투수가 반드시 해야 하는 것은 과연 무엇일까? 그렇다! 그것은 바로 타자의 약점을 집중적으로 공략하는 동시에 상대방이 전혀 예상하지 못한 "허를 찌르는 공"을 던지는 것이며, 이를 위해서는 포수의 능수능란한 리드가 절대적으로 필요하다. 요즘에도 가끔씩 성공적인 데뷔전을 치른 신인 투수의 인터뷰가 신문 스포츠란에 실리곤 하는데, 그들은 모두 입을 모아 "포수 글러브만 보고 던졌다" 또는 "포수가 던지는 데로 던졌더니 좋은 결과가 나왔다"

라는 얘기를 하곤 한다. 즉, 야구 시합에서 승리하기 위해서는 투수의 불 같은 강속구와 폭포수처럼 떨어지는 변화구가 반드시 필요한 것이 사실이지만, 그 이전에 타자의 강약점에 대한 치밀한 분석과 수많은 실전 경험, 그리고 상황에 따른 임기응변 역량을 갖춘 포수의 리드가 반드시 필요하다는 것이다. 1980년대 또는 1990년대의 유능한 포수들은 타 팀의 강타자들에 대한 세밀한 분석 내용을 대학노트에 빼곡히 정리해서 경기 전에 철저히 예습을 한 후 경기에 임했다고 하며, 명포수 출신인 어느 감독은 선수 시절 정리해 놓은 자료만 수십 권에 이른다는 전설이 전해 내려온다.

현재는 철저한 "데이터 야구 시대"로서 각 팀마다 데이터 분석만 전담하는 직원이 수명에 이르고, 경기의 승부를 좌우할 수 있는 절체절명의 순간에는 공 하나 하나에 대한 싸인이 벤치에서 전달되는 등 예전보다는 포수의 투수 리드에 대한 중요성이 감소했다고 할 수도 있다. 하지만 감독의 작전 지시는 대개 그라운드의 "안방마님"인 포수에게 직접 전달되기에 포수는 경기 흐름이나 작전에 대한 이해도 및 수행 능력, 그리고 거기에 더한 (수비수들을 아우를 수 있는) 리더십을 반드시 갖춰야 된다고 하겠다. 이러한 이유로 어느 유명 야구 해설가는 이렇게 말했는지도 모른다. "투수를 다른 팀으로 트레이드 시키는 것은 쉽지만 포수를 트레이드하는 것은 매우 어렵습니다. 그렇게 하면 팀의 모든 작전과 싸인을 다 바꿔야 하거든요. 경기에서 승리하게 위해서는 좋은 투수가 필요하지만, 코리안 시리즈에서 우승하기 위해서는 좋은 포수가 반드시 필요합니다."

두 번째로 포수는 "블로킹 (Blocking)"을 한다. 야구에서 "블로킹"은 보통 두 가지의 의미를 갖는데, 그 중 하나는 투수가 던진 공이 제대로 컨트롤이 되지 않아 "원 바운드"로 들어 올 때 몸으로 막는다는 것이고, 또 다른 하나는 홈으로 달려드는 주자를 몸으로 저지하는 것을 뜻한다. 어찌 보면 포수는 축구에서 골을 막아내는 골키퍼와 비슷한 임무를 수행한다고도 할 수 있으며, 주자가 추가 진루하는 것을 막기 위해 150km의 무서운 속도로 날아오는 공을 온 몸으로 막아내는 한편 점수를 허용하지 않기 위해서 홈으로 쇄도하는 0.1톤이 훨씬 넘는 주자와의 정면 충돌도 마다하지 않는다. 최근 "홈 충돌 방지 규정(포수는 자신이 공을 갖고 있는 경우를 제외하고는 득점을 시도하는 주자의 주로를 막을 수 없고, 만약 심판의 판단으로 공을 갖지 않은 포수가 주자를 막는 경우 심판은 주자에게 세이프를 선언한다)"의 적용 강화에 따라 포수와 주자의 충돌은 예전에 비해 많이 줄었지만, "블로킹"은 상대 팀 선수와의 신체 접촉이 별로 많지 않은 야구 경기에서 신체에 치명적인 부상을 입을 수도 있는 매우 위험한 플레이 중의 하나라고 할 수 있다 (미국 메이저리그 포수 중에는 달려오는 주자와 충돌해서 입은 부상으로 은퇴를 한 선수도 꽤 있다고 한다). 그래서 어느 포수도 한마디 하지 않았던가, "투수는 귀족, 외야수는 상민, 내야수는 노비, 포수는 거지. 포수가 제일 많이 고생해요..."라고. 필자는 어감이 별로 좋지 않은 "거지"보다는 날아오는 공을 온 몸을 던져 막아내는 한편 상대와의 진검 승부도 마다하지 않는 "무사(武士)"라고 부르고 싶다.

세 번째, 포수는 내야 수비를 한다. 야구 경기 중에 때굴때굴 구르는 번트나 홈 플레이트 바로 앞에 떨어진 타구를 포수가 맨 손으로 잡아서 주자를 아웃시키는 광경은 심심치 않게 볼 수 있으며, 그다지 흔한 일은 아닐지 모르지만 내야에 높이 뜬 공을 내야수 대신 포수가 잡는 경우도 있다 (그보다 더 보기 힘든 장면은 투수가 직접 플라이볼을 잡는 것...). 필자가 응원하는 팀이 수비를 할 때 가장 짜릿한 순간 중의 하나는 바로 포수가 번트 타구를 잡음과 동시에 2루나 3루로 던져서 달려오는 주자를 잡아내는 것인데, 그럴 때 마다 포수의 뛰어난 포구 및 송구 능력, 그리고 그보다 더 뛰어난 과감성과 판단력에 감탄하곤 한다. 포수는 또한 타자가 내야 땅볼을 쳤을 때 야수의 1루 송구가 빠질 경우에 대비해서 1루수 뒤로 뛰어가 백업 수비를 한다. 최근에는 내야와 펜스와의 거리가 예전에 비해 많이 짧아지고 또 체력 안배를 위해 포수가 1루로 뛰어가는 횟수가 줄어든 것도 사실이나, 그 날의 승부를 가를 수 있는 중요 순간에는 어김없이 무거운 장비를 들쳐 매고 1루로 뛰어가는 포수를 볼 수 있다.

네 번째, 포수는 도루하는 주자를 잡아내거나 누상의 주자를 견제하는 역할을 한다. 남의 것을 탐하고 훔치는 것은 법적인 처벌을 받을 수 있는 범죄 행위이며 모 종교에서는 신께서 직접 하달하셨다는 "10계명"을 통해 "도적질 하지 말라"고 설교까지 하지만, 모든 스포츠를 통틀어 유독 야구에서만은 베이스를 훔치는 것을 "도루(Steal)"라고 부르며 공식적으로 용인함은 물론 가장 많은 절도 전과(?)가 있는 선수를 "도루왕"이라 칭송하며 상까지 준다. 그러나 이러한 대도(大盜)를 체포해서 그라운드 밖으로 멀리~ 쫓아 버리는 포도대장이 있으니, 그가 바로 포수이다. 포수는 위기의 순간에 상대팀 주자가 도루하는 것을 막아냄으로써 팀에 승리를 가져오는 일등 공신이 되곤 하기에 강한 송구를 가능케 하는 포수의 강견(強肩)은 포수가 반드시 갖춰야 할 덕목으로 불리기도 한다.

하지만 40년이 넘게 야구를 봐온 필자가 느끼기에 포

수의 도루 저지 능력은 투수 리드 역량보다 그 중요성이 훨씬 떨어지며, 일례로 앉은 자세 그대로 강한 송구를 뿌려 수많은 도루자(盜壘刺, 주자가 도루를 시도하다가 실패하여 아웃 당하는 것)를 기록해서 "앉아 쏴"라는 별명을 갖게 된 모 포수는 오른쪽 타자 바깥 쪽 위주의 단조롭고도 형편 없는 투수 리드 실력으로 소속 팀의 코리안 시리즈 우승은 커녕 플레이오프마저 제대로 한 번 진출 시키지 못했고, 심지어 시합 도중 마운드에서 투수와 언쟁을 벌이는 추태를 연출하기도 했다. 또한 여러 번 도루왕을 차지하기도 했던 어느 선수는 "도루를 하는 데 있어서 가장 중요한 것은 투수의 모션을 훔치는 것"이라고 하면서 "포수의 송구 능력과 주자의 주력은 도루를 성공시키는 데 있어서 부차적인 요인"이라고 언급하기도 했다. 결론 : 주자가 아무리 도루를 해서 다음 루로 진루한다고 해도 홈으로 들어오는 것만 막으면 시합을 승리로 이끌 수 있다. 즉, 적시타나 희생 플라이를 맞지 않도록 능수능란하게 투수를 리드하는 능력이 도루 저지 능력보다 몇 배는 더 중요하다.

다섯 번째, (앞에서 언급한 것과 같이) 포수는 수비수들의 위치를 조정하고 허슬 플레이(Hustle Play, 과감하고도 적극적인 플레이)를 독려하는 등 팀이 수비를 하는 동안 리더 역할을 한다. 아홉 명의 수비수 중 포수를 제외한 여덟 명은 홈 쪽을 바라보지만 포수는 유일하게 외야를 바라보면서 수비에 임하며, 따라서 그는 덕 아웃에 있는 감독의 싸인을 직접 전달 받아 수비수들에게 전달하는 한편 수비 위치도 조정해 준다. 또한 플라이 볼이 내야에 애매하게 떴을 때는 구체적으로 누가 잡으라고 큰 소리로 "콜"을 해주기도 하고, 투수가 번트 타구를 잡았을 때 어느 베이스로 던지라고 손가락으로 방향을 가리키는 것도 포수이다. 그리고 마지막이지만 가장 중요할 수도 있는 것으로, 우리 팀이 수비를 시작할 때 모든 수비수들을 마주보며 가장 큰 소리로 "파이팅"을 외치는 것도 포수이다.

여섯 번째, 투수가 심리적인 안정을 찾아 제 기량을 발휘할 수 있도록 잘 다독여주는 것도 포수의 몫이다. 포수의 리드가 아무리 좋아도 투수가 심리적으로 위축되어 공을 제대로 뿌리지 못한다면 절대로 시합에서 승리할 수 없을 것이기에 투수가 마운드에서 흔들릴 때 포수는 그를 다잡아 주기 위해 최선을 다해야 한다. 어느 명투수는 "위기 상황에서 투수가 흔들릴 때 포수가 건네는 진심 어린 충고 한마디가 마인드 컨트롤에 확실히 도움이 된다"라는 말을 하기도 했는데, 이를 통해 포수의 투수와의 소통 능력이 얼마나 중요한지 알 수 있다.

일곱 번째, 포수 역시 다른 야수들과 마찬가지로 타격을 한다. 미국 메이저 리그의 대표적인 공격형 포수인 마이크 피아자(Mike Piazza)를 비롯해 한국에도 홈런왕은 물론 타격왕까지도 차지했던 이만수, 그에 못지 않은 강타자인 양의지 같은 포수도 있긴 하지만 포수는 경기 내내 무거운 장비를 매고 X싸는(?) 폼으로 쭈그리고 앉아 강속구를 받아야 하는 것에 더해 블록킹, 도루 저지 등 갖가지 수비에 대한 부담이 매우 크기에 보통 타율 2할 3~4푼 정도에 홈런 5개 정도만 쳐도 밥값은 했다고 인정해준다. 필자 역시 포수는 "공격형 포수"보다는 "수비형 포수"를 더 높게 평가하는 편이며, 한국의 대표적인 공격형 포수로 불리는 모 선수는 선수 생활 내내 투수 리드는 물론 감정 조절에 있어서도 박한 평가를 받으며 단 한번도 코리안 시리즈 우승을 하지 못하고 쓸쓸히 은퇴하고 말았지만, 통산 타율이 2할이 넘을까 말까 한 수비형 포수들은 대부분 다 우승을 한번씩 경험한 것을 넘어 지금도 배터리(Battery) 코치로 맹활약 중이다. 결론적으로, 포수의 타격이 아무리 뛰어나더라도 단순하고도 투박한 투수 리드 및 형편없는 수비 실력을 가지고 있다면 우승과 거리가 멀어짐이 당연하다고 할 것이다.

여덟 번째는 앞서 언급한 "도루 저지"와도 관련이 있는 것으로, 투수의 "Pitch-Out(투수가 도루나 스퀴즈 번트를 경계하여 타자가 치지 못하도록 포수와 짜고 일부러 스트라이크 존을 벗어나게 던지는 투구)"을 유도하여 주자를 잡아낸다. 여기서 이 장의 첫머리에 소개한 만화 "철가면"으로 다시 돌아가 보자. 이 만화를 그린 "허영만 만화가"는 장장 50년 동안 "각시탈", "무당 거미", "태풍의 다이아몬드", "고독한 기타맨", "아스팔트 사나이", "비트", "제7구단(미스터 고)", "날아라, 슈퍼보드" 등 수많은 명작을 양산해 낸 만화계의 명장(名匠)이었다. 왜 "명장이었다"고 과거형을 썼냐고? 필자의 개인적인 의견이긴 하지만, 그는 "식객(食客)"이라는 작품을 통해 단순한 "명장"을 넘어 이미 만화계의 "거장(巨匠)"이 되었기 때문이다. 필자가 약 10여 년 전 모 식품회사에 재직할 때 이 "식객"은 명실상부한 전직원의 "넘버원 필독서"였으며, 현재는 무릇 일개 식품회사를 넘어 대한민국 전국민이 열독(熱讀)하는 "국민 만화"가 되었다고 해도 과언이 아닐 것이다.

대체적으로 그의 만화는 아무리 진지한 이야기를 담고 있어도 코믹함과 유머가 작품 전반에 넘쳐 흐르건만, 1980년대 중반 모 잡지에 연재된 이 "철가면"이라는 만화는 전형적인 그의 작품과는 달리 왠지 모를 "디스토피아(Dystopia, 암울한 시대, 나쁜 장소)적 비관주의"가 지배하는 동시에 배신과 음모가 판을 친다. 또한 여관에서 발견된 시체의 신원을 밝혀 내지도 못할 정도로 기본적인 유전자 검사 기술도 없던 시절에 "말 근육"을 사람 몸에 이식해서 노벨의학상을 열 번을 받고도 남을 만한 유전공학적 개가를 이루어 내기도 하는 등 앞뒤가 전혀 맞지 않는다는 느낌이 들기도 한다 (그의 다른 작품인 "미스터 고"는 고릴라가 프로야구 선수로 뛰는 참말로 황당무계하기 짝이 없는 설정이니 그보다는 조금 더 현실에 가깝다고 할 수 있을지도 모르겠다). 어차피 만화이기에 그 구체적인 내용과 설정은 그냥 그렇다 치고, 이제 이 만화의 한 장면에 집중해 보자.

앞에서도 언급한 바와 같이 이강토는 "철가면"을 쓰고 한동수 행세를 하며 고교 야구에서 맹활약을 펼쳐 "아파치"라는 프로야구 팀에 입단하게 되고, 프로에서도 역시 철가면을 쓰고 승승장구하던 그는 라이벌 팀과의 경기에 선발 포수로 출장하게 된다. 상대팀 선두 타자가 안타를 치고 1루로 진루하자 3루 코치는 주자에게 열심히 싸인을 보내고, 그 광경을 아무 말 없이 지켜보던 철가면은 투수에게 "피치 아웃"을 요구해서 서있는 상태로 공을 잡은 후 바로 2루로 공을 던져 도루를 시도하던 주자를 멋지게 잡아낸다. 그는 상대 팀의 싸인과 작전을 간파해서 공을 "Pitch-Out"한 후 주자를 보기 좋게 아웃시킨 것이었고, 그는 주변으로부터 "역시 철가면!"이라는 칭송을 받게 된다. 이처럼 성공적인 "Pitch-Out"을 실행하기 위해서 "Catcher"는 게임의 흐름과 상대팀의 싸인 및 작전, 그리고 1루 주자의 움직임 등을 종합적으로 알아차리는 능력이 필요하며, 이러한 이유로 "Catcher(포수)"를 "Catcher(알아차리는 사람, 이해하는 사람)"이라고 부르는 지도 모를 일이다.

만화 "철가면"을 통해 "Catch"에 "(공 등을) 잡다"라는 뜻 외에 "알아차리다, 이해하다"라는 의미도 있음을 소개했는데, 이젠 "Catch"에 또 어떤 뜻이 있는지 알아보도록 하자. "Catch"에는 "발견하다, (버스/기차 등을) 타다, (상황에) 처하다, (병에) 걸리다" 등의 뜻도 있는데, 필자가 보기에 이러한 의미들은 모두 "잡다"라는 뜻에서 파생한 것으로서 "Catch"의 첫 번째 또는 두 번째 뜻만 알면 그리 어렵지 않게 유추가 가능할 것 같다. 그런데 이 "Catch"가 포함된 표현 중 다소 의외인 것이 하나 있으니, 그것이 바로 "What's the catch?"이다. 그 뜻은 "속셈

이 뭐야? 또는 "꿍꿍이가 뭐야?"인데, (여기서의 "Catch"는 "a hidden problem or disadvantage"의 의미), 예를 들어 누군가 알바 한 시간 당 10만원을 주겠다고 제안 했을 때 "What's the catch?", 즉 "숨은 의도(또는 속셈)이 뭐야?"라고 물을 수 있겠다. 그 외에 필자가 최근 모 동영상 사이트에서 발견한 "a catchy flow"라는 "Hot"한 표현도 있는데, 이는 "(사람의 관심과 청각을) 잡아끄는 음악 (또는 리듬)"이라는 뜻으로, 쉽게 얘기해서 "끝내주는 노래" 정도로 이해하면 될 것 같다.

이제 이 장을 마감할 시간이다. 영원히 호밀밭의 "파수꾼" 혹은 "포수", 또는 "보호자"이고자 했던 작가 지망생 "J.D.셀린저"는 역설적이게도 이 소설을 쓰면서 어른이 되었고, 그와 함께 베스트셀러 작가가 되면서 돈도 많이 벌게 되었다. 하지만 그는 유명 작가로서 대중적인 인기를 누리는 것보다 은둔하는 쪽을 택했는데, 이에 대해 많은 이들이 그의 병적으로 내성적이면서도 괴팍한 성격을 그 주된 이유로 꼽는다. 하지만 그의 일생을 찬찬히 들여다 보면, 그는 본래 성격이 조금 예민한 작가 지망생이었지만 제2차 세계대전에 참전한 이후 "Post-Traumatic Stress Disorder(외상 후 스트레스 장애)"라 불리는 전쟁 후유증을 심하게 겪어 몇 년간 정신병원에 입원하기도 했고, 제대로 된 결혼 생활을 하지 못하고 두 번에 걸친 이혼을 했다. 게다가 어느 고등학생과 한 대담이 처음의 약속과는 달리 한 지방 신문에 그대로 실리자 심한 배신감에 "믿을 놈은 물론 믿을 녀(女)도 없다"는 생각으로 완전히 사회와의 연을 끊어 버렸다고 한다. 따라서 그의 은둔은 "능동적"인 것이 아닌 오히려 "수동적"인 것이었으며, 그의 괴팍함이 아닌 세상에 가득 찬 폭력과 거짓, 그리고 위선이 그를 이 사회로부터 멀어지게 했던 것이었다. 결국 그는 자신이 쓴 소설 속의 주인공인 "홀든"과 같이 평생 호밀 밭에 머무는 "Catcher"의 삶을 살았다.

여담으로 그는 세계 최고의 희곡 배우로 손 꼽히는 "찰리 채플린(Charlie Chaplin)"과 묘하게 맞닿아 있는데,

"셀린저"는 1940년대 미국 사교계를 주름잡던 "우나 오닐(Oona O'Neill)"을 두고 "찰리 채플린"과 사랑 싸움을 벌였지만 결국 당시 18세였던 "우나"가 자신보다 36살이나 많은 "찰리"를 선택하면서 아주 세게~ 차여버렸던 것이다. 이렇게 심하게 당했다면(?) 나이 차이가 많은 커플을 증오할 만도 하건만, 그 또한 나이 80이 다 돼서 무려 40세나 어린 아내와 결혼 함으로서 "도둑놈 끝판 왕(예전엔 나이가 한참 어린 여자와 결혼한 남자를 '도둑놈'이라고 불렀다)"이 되었다. 그런데 이제 막 50대에 들어선 필자는 이렇게 나이 어린 아내와 결혼한 남자들을 내심 부러워하면서도 자신보다 24살이나 젊은 프랑스 대통령과 살고 있는 영부인은 물론 여성이 단(!) 8살 많은 연상 연하 커플까지도 모두 색안경을 끼고 삐딱하게 보니 필자 또한 어쩔 수 없는 "꼰대"이며 "X저씨"인 것일까. 사랑에는 국경이 없다지만, 이에 더해 사랑에는 "나이"도 없다는 사실을 인정하면서 필자가 가지고 있는 불손한 생각은 아주 세게 "Batter(때리다,치다)"해서 저~멀리 날려 보내야겠다. 다음 장의 주제는 "Batter vs. Hitter"이다.

p.s. 본 장의 제목은 "Catcher vs. Pitcher"로서 "Pitcher"에 대한 내용도 담아야 하나 "Pitcher"에 대해서는 많은 부분을 "제2장. Ballpark vs. Pitch"에서 이미 설명했으므로 이 장은 "Catcher"에 대한 내용으로 대부분을 채웠다.

제8장. Batter   vs.   Hitter, "박쥐 사냥꾼"과 "히트곡 제조기"

[Movie : "돌로레스 클레이본(Dolores Claiborne)"]

신문 기자인 셀리나(Selena)는 자신의 어머니(돌로레스)가 지방 유지인 베라(Vera)를 살해했다는 혐의로 구속되었다는 소식을 듣고 고향인 미국 메인주의 시골 마을로 돌아온다. 돌로레스는 살인 혐의를 완강하게 부인하고 있었지만 셀리나는 이번 사건은 물론 그녀의 아버지를 살해한 것도 돌로레스라고 믿고 있었다.

그로부터 18년 전, 폭력적인 남편(조, Joe)에게 갖은 학대를 받으면서도 딸의 학비를 벌기 위해 베라의 저택에서 하녀로 일하던 돌로레스는 남편이 자신을 폭행하는 것도 모자라 셀리나를 성추행하고 있다는 것을 알게 되고, 그동안 저축한 돈을 갖고 딸과 함께 도망치려고 하지만 조가 그 돈마저 이미 탕진해 버린 것을 알고는 깊은 낙담에 빠진다. 그러던 어느 날 베라로부터 "Sometimes being a bitch is all a woman has to hang onto(때론 XX년이 되는 게 여자가 할 수 있는 유일한 일이지)"라는 말을 듣게 된 돌로레스는 개기 일식 축제가 벌어지던 날 술에 취한 조를 유인해서 낡은 우물에 빠져 죽게 하려는 계획을 세우는데...

[Song : Baby One More Time sung by Britney Spheres]

Oh baby baby,   아, 그대여

How was I supposed to know   난 정말 몰랐어

That something wasn't right here
뭔가가 정말로 잘못 되었다는 걸.

Oh baby baby,   내사랑 그대,

I shouldn't have let you go
널 그렇게 떠나 보내는 게 아니었는데

Now you're out of sight, 이제 넌 영영 사라져 버렸어

Show me how you want it to be
나에게 뭘 원하고 있는지 제발 말해줘

Tell me baby   제발 말해 줘

Cuz I need to know now,　　난 정말로 알고 싶어

Oh because my loneliness is killing me

외로워 죽을 것 같아

I must confess I still believe　　너에게 고백하고 싶어

When I'm not with you　　네가 없으면

I lose my mind 난 정말 미쳐버릴 것 같아

Give me a sign,　　다시 돌아와줘

Hit me baby one more time!

다시 와서 나를 안아 줘

[후 략]

　　지금으로부터 약 30년 전인 1992년 여름, 필자가 용산 미군기지에서 카투사 헌병(MP)으로 근무하던 때의 일이다. 당시 필자가 속한 소대(Platoon)는 "Swing 근무(오후 4시 ~ 자정까지의 근무, 참고로 아침 근무는 'Day',

밤 근무는 'Mid'라고 한다)" 중이었는데, 헌병대로 "Domestic Disturbance (가정 불화, 부부 싸움)" 신고가 들어와 함께 패트롤(Patrol, 순찰)을 돌던 미군 상병 (Specialist)과 함께 현장으로 출동해 보니 미군인 남편은 술에 잔뜩 취한 채 거실에 앉아 있었고 한국인 부인은 욕실에서 홀로 울고 있었다. 사건 처리 규정에 따라 필자와 미군 MP는 한국인 부인 및 미국인 남편의 신상 명세 및 진상 파악에 나섰는데, 그녀의 얼굴에 시퍼런 멍자국이 보이고 오른쪽 입술이 터진 것을 보니 이건 보통의 "Domestic Disturbance"가 아닌 "Domestic Violence (가정 폭력, 'Spouse Abuse'라고도 한다)"인 것 같았다. 이에 남편에게 혹시 부인에게 폭력을 행사했냐고 묻자 그는 온통 술 냄새를 풀풀 풍기며 "때리려고는 했지만 실제로 때리지는 않았고, 화가 난 아내가 욕실에 들어가 혼자서 자해를 했다"는 것이었다. 하지만 그의 반응은 영화나 시사 프로그램에 등장하는 폭력적인 남편들의 의례적이고도 진부한 변명으로 들렸기에 그를 부인으로부터 완전히 격리한 후 그녀에게 남편에게 폭행을 당했냐고 묻자 "Yes, he said it was assault, but it really was battery (네, 그는 때리려고만 했다고 하지만 전 실제로 맞았어요)"라고 대답했고, 필자는 남편을 현행범으로 체포하여 헌병 당직 사관(MP Supervisor)에게 인계했다.

타인의 고통과 불행을 통해 영어 실력을 늘려나가는 것이 어떤 측면에서는 매우 반인륜적으로 느껴지기도 하지만, 이러한 문제들에 대해 어떤 식으로든 관심을 가져야만 그에 대한 적절한 해결과 재발 방지도 가능 할 것이므로 위의 사건을 통해 영어 어휘 공부를 해보면, (위에서도 설명한 것과 같이) "Assault"는 "폭행 미수" 또는 "폭행 시도"로서 "때리려고는 했지만 실제로는 때리지 않은 것"이고 "Battery"는 실제로 물리적인 폭력을 한 것을 의미한다 (이와 유사하게 한국어로는 똑같이 "살인"이지만 "Manslaughter"는 과실치사이며, "Murder"는 의도적인 살인이다). 하지만 "성폭행 미수"나 "살인 미수"에서도 볼 수 있듯이 "폭행 미수" 또한 실제 폭행보다 조금 덜한 처벌을 받을 수 있을지는 몰라도 법의 심판을 받는 엄연한 범죄 행위에 해당된다.

여기서 또 다른 "가정 폭력(Domestic Violence)"의 피해자이며 "Battered Wife(남편에 의해 폭행 당하는 부인)"였던 (왜 과거형을 썼는지는 위의 영화 줄거리를 읽어보았다면 쉽게 알 수 있다) "돌로레스 클레이본" 여사를 모셔오도록 하자. 그녀는 수 십 년간 알코올 중독자인 남편에게 갖은 수모와 폭행을 당하면서도 딸내미 하나 잘 키워 보려고 참고 또 참았건만 남편이 딸을 상습적으로 성추행하는 것을 알고는 결국 인내심이 한계에 이르러 그를 사고로 위장해서 죽여버린다. 자신을 성적(性的)으로 학대한 아버지에 대한 기억을 모두 머리 속에서 지워버린 딸은 처음엔 어머니를 원망하지만 우연한 기회를 통해 악랄한 악마의 모습을 한 아버지의 모습을 다시 떠올리며 어머니와 화해하고, 결국 돌로레스는 베라 여사의 재산을 상속받음은 물론 감옥에서도 풀려나며 영화는 끝나게 된다.

필자는 이 영화를 지금으로부터 거의 20여 년 전에 보았는데, 아직도 생생하게 기억나는 것은 돌로레스와 남편이 간만에 즐겁게 환담을 나누던 중 그녀가 남편의 바지가 찢어진 것을 보고 웃자 함께 낄낄거리던 남편이 갑자기 돌로레스를 몽둥이로 수 차례 내려치던 장면이다. 그 다음 씬(Scene)은 부엌에서 홀로 조용히 눈물을 흘리는 돌로레스의 모습이었고, 안타깝게도 그녀는 남편으로부터 상습적인 구타를 당하는 "Battered Wife"였던 것이다. 우리는 흔히 이 "Batter"를 야구에서의 "타자" 또는 (밀가루) 반죽" 정도로만 알고 있지만 동사로서의 "Batter"는 "(반복해서) 세게 때리다"는 별로 좋지 않은 의미를 가지고 있으며, 그의 명사형인 "Battery"는 위에서 설명한 것과 같이 "구타, 폭행"을 뜻한다 ("Assault"와 그 뜻이 미묘하게 다름에 유의하시길).

그런데 이 "Battery"는 신기할 정도로 많은 의미를 가지고 있는데, 제일 먼저 우리가 평소에 자주 사용하는 "건전지"를 뜻하기도 하고 (50대 이상의 노령층은 "빳데리"라고 부르기도 한다), "~a battery of~"는 숙어로서 "수많은(~a battery of issues~)"의 의미이며, 군사 용어로는 "(대포의) 포대"라는 뜻으로 "Artillery Battery"는 "포병 부대를 이루는 가장 작은 단위 [일반 부대의 "Squad(분대)

에 해당]"를 의미하기도 한다. 마지막으로 이 단어는 야구에서의 "투수와 포수"를 뜻하기도 하는데, 야구 초창기에는 대포알 같은 강속구를 던지는 투수를 뜻하는 말이었다가 점차 그 의미가 확대되어 그 공을 받는 포수까지 포함하게 되었다고 한다.

여기서 좀 더 파고 들어가 "Batter"의 조상(祖上) 단어 격인 "Bat"에 대해서 알아보면, "Bat"는 "방망이", '박쥐", "(빠른) 발걸음", "눈을 깜박이다" 등의 다양한 뜻을 가지고 있지만 흔히 "방망이" 또는 "박쥐"라는 의미로 많이 사용된다. 필자는 이 장의 제목을 "박쥐 사냥꾼과 히트곡 제조기"라고 지었는데, 물고기(Fish)를 잡는 사람은 어부(Fisher)라 불리기에 박쥐(Bat)를 잡는 사냥꾼은 "Batter"라고 할 수 있을 것 같아 그렇게 정해봤건만 실제 그런 뜻은 없다 (언젠가 이 책이 전세계적인 베스트 셀러가 된다면 사전에 새로운 의미로 추가될지도...).

그 다음으로는 "Batter"와 유사한 의미를 가진 "Hitter"에 대해서 알아보자. 야구가 스포츠로서의 모습을 갖춰가던 1900년대 초기에는 타자를 "Hitter" 또는 "Batter"라고 했지만 요즘에는 대부분 "Batter"로 통일된 것으로 보이며, 몇몇 야구 용어에서 "Hitter"의 흔적을 찾을 수 있다. 그 중 하나는 "Pinch Hitter"로서, 역전 또는 동점을 만들 수 있는 절호의 기회에 본래 타격을 해야 할 타자 대신 타석에 들어서는 선수를 의미한다 (적시타를 치면 영웅, 못 치면 역적, 방망이 한번 제대로 휘두르지 못하고 가만히 서서 삼진 당하면 X신…). 그 외에 1970년대 미국 메이저리그에서 처음 등장했다는 "Designated Hitter"에 대해서 알아보면, 이는 우리 말로는 "지명타자(指名打者)이며 수비의 부담이 많은 투수 대신 타격을 하는 선수를 뜻한다. 이 "지명타자"는 수비는 하지 않고 타격만 하기에 부상에서 회복 중인 강타자나 수비 능력이 떨어지는 노장 선수를 많이 기용한다. 그런데 필자는 이 "Designated Hitter"에 대한 올바른 번역이 "지명타자"라기 보다는 오히려 "지정타자(指定打者)"라고 생각하며, 그 근거를 "Designated Driver"라는 표현에서 찾을 수 있다고 본다. 이 "Designated Driver"는 술자리에서 술을 마시지 않고 자리가 파한 후 술에 취한 일행 모두를 차로 집까지 안전하게 데려다 주는 역할을 하는 사람(운전자)을 뜻하는데, 한국이야 땅도 좁은 데다가 대리 운전 제도가 매우 활성화 되어 있어 이 "Designated Driver"가 굳이 필요 없지만, 땅 덩어리가 엄청난 것에 더해 대도시 밖의 교외로 조금만 나가도 심야의 대중 교통 이용이 거의 불가능한 것은 물론 택시비와 인건비도 엄청나게 비싸 대리 운전 제도는 (한인이 많이 몰려 사는 대도시가 아닌 이상) 꿈도 꾸기 힘든 미국에서는 반드시 필요하다고 할 수 있겠다. 이 표현을 우리 말로는 "지명 운전자"라고도 할 수 있겠지만 그 뜻이 "술을 마시지 않고 다른 일행 모두를 안전하게 집까지 데려다 주도록 사전에 지정된 사람"에 더 가까우므로 "지정 운전자"가 더 어울릴 것 같다. 이와 마찬가지로 "Designated Hitter" 역시 "투수 대신 타격을 하도록 (사전에) 지정된 사람"이라는 뜻에서 "지정타자"라고 부르면 어떨까 한다.

이 "Hitter"를 탄생시킨 "Hit" 역시 매우 다양한 의미를 가지고 있는데, 동사로는 우리가 잘 아는 "때리다"나

"공격하다"외에도 "(생각이) 떠오르다(~ it suddenly hit me that ~)", "(문제 등에) 봉착하다 (~hit a snag~)" 등의 뜻이 있으며, 재미있는 표현으로 팝송 제목으로도 유명한 "hit the road"라는 숙어가 있는데 이는 "(땅을 박차고) 출발하다, 여행을 떠나다" 등의 뜻이 되겠다 (노래 제목인 "Hit the road, Jack!"은 "꺼져버려, 잭, 너 이 XXX야!" 정도의 의미가 되겠다).

그리고 명사로는 "강타", "명중" 등 동사 "Hit"의 뜻에서 쉽게 유추가 가능한 뜻이 있으며, 그 외에 우리가 평소에 자주 사용하는 "히트, 큰 인기"라는 의미도 가지고 있다. 필자는 이 "히트"라는 뜻에서 "Hitter"에 "히트곡 제조기"라는 새로운 의미를 부여했는데, 수많은 유명 걸그룹을 탄생시킨 한국의 모 기획자를 "Hitter"라고 부를 수 있을 듯 하다 (물론 유감스럽게도 필자의 생각일 뿐, 아직까지는 사전에 등재되지 않았다). 마지막으로, 영화 제목으로 쓰여 널리 알려진 "Hitman"이라는 단어도 있는데, 이는 "Assassin(암살자)"와 같은 뜻이다.

자, 이제 지금(2021년)으로부터 약 20년 전 전세계 음악 시장을 잘근잘근 씹어먹었던(?) "Britney Spheres"의 노래 "Baby One More Time"을 한 번 들여다 보기로 하자. 그녀는 깜찍한 외모와는 대조되는 돌발적인 율동과 뇌쇄적인 눈 빛 하나로 글로벌 팝 시장에 지각 변동을 가져왔었는데 (굳이 비유를 하자면 "아이유"의 "글로벌 버전"이었다고나 할까...그러나 한 가지 매우 중요한 차이점은 그녀의 가창력이 아이유에 비해 심하게 떨어진다는 것으로, 그녀가 라이브를 할 때면 항상 언제 '삑사리'가 날까 하고 가슴을 졸이곤 했다), 이 노래의 가사에도 "Hit"이라는 단어가 몇 차례 등장한다. 위에서 필자는 "Hit me baby one more time"을 "그대여, 한번만 더 안아줘"라고 번역을 했건만 인터넷에는 그의 정확한 의미에 대해 각양각색의 의견이 올라와 있으며, 그 중 대부분은 "한번만 더 전화해줘", "한번만 더 뽀뽀해줘" 등 비교적 건전한(?) 의견도 있지만 "Hit"의 뜻에서 기인한 "한번만 더 (채찍으로) 때려줘"와 같은 다소 변태스러운(?) 의견을 개진한 네티즌도 있었다. 어찌됐건 이 "Hit me"는 "우리 예전처럼 다시 '꼼냥꼼냥' 할 수 있도록 다시 한번 나에게 기회를 달라"는 뜻을 암시하는 것으로 보인다. 그런데 이와 연속선 상에 있는 "Hit"가 포함된 숙어가 하나 있으니, 그것이 바로 "Hit on (somebody)" 되시겠다. 이는 "작업 걸다, 찝적거리다, 추파를 던지다"라는 의미이며, 그와 비슷한 표현으로는 "Make a pass at (somebody)", "Flirt with (somebody)" 등을 들 수 있겠다 (나비가 꽃을 찾는 것이 자연의 섭리이기에 먼저 이성에게 들이대는 것은 대부분 여자가 아닌 남자이고, 따라서 이러한 표현들의 주어는 거의 다 남성이다. 물론 여성 상위 시대가 되면서 세상이 점점 바뀌고 있긴 하지만...).

이제 이 장의 결론이다. 야구의 오랜 우스개인 "투수가 높아서 좋은 건 연봉밖에 없다"는 말처럼 "타자(Batter)가 잘 때려서(Batter)해서 좋은 건 공 밖에 없다". 위험천만한 스윙으로 시도 때도 없이 포수의 뒷통수를 방망이로 사정없이 내려쳐 요주의 인물로 찍힌 것은 물론 야구계 안팎에서 욕을 엄청스레 잡수고 계신 어느 야구 선수의 사례처럼 고의가 아니라도 방망이로 다른 사람을 치는 것은 최대한 피해야 할 것이며, 몇 년 전 고교 야구에서 발생한 야구 방망이를 이용한 약자에 대한 폭력 역시 다시는 일어나지 말아야 할 천인공노(天人共怒)할 악랄한 범죄라고 하겠다. 또한 "돌로레스 클레이본" 여사의 남편처럼 쥐도 새도 모르게 세상을 뜨고 싶지 않다면 자신의 가족은 물론 주변 사람 모두에게 방망이로 위해를 가하는 "Batter"가 돼서는 절대 안될 것이다 ("여자가 한을 품으면 오뉴월에도 서리가 내린다"라는 속담을 반드시 기억하기 바란다).

한편 야구장에서의 모든 "Batter"들은 "Designated Hitter(지명타자)"를 제외하고는 모두 각자의 포지션에 맞는 수비수(Fielder)로 마치 "Transformers (트랜스포머)"처럼 깜짝 변신을 하곤 하는데, 다음 장에서는 내야수(Infielder)와 외야수(Outfielder)에 대한 얘기를 해 보도록 하겠다.　　　　　　　　　[2편에서 계속]